O (I)MIGRANTE
CONQUISTAS, FRACASSOS E ESPERANÇAS

Editora Appris Ltda.
1.ª Edição - Copyright© 2022 do autor
Direitos de Edição Reservados à Editora Appris Ltda.

Nenhuma parte desta obra poderá ser utilizada indevidamente, sem estar de acordo com a Lei nº 9.610/98. Se incorreções forem encontradas, serão de exclusiva responsabilidade de seus organizadores. Foi realizado o Depósito Legal na Fundação Biblioteca Nacional, de acordo com as Leis nos 10.994, de 14/12/2004, e 12.192, de 14/01/2010.

Catalogação na Fonte
Elaborado por: Josefina A. S. Guedes
Bibliotecária CRB 9/870

H444i
2022
	Hebenbrock, Mariano
	   O (I)migrante : conquistas, fracassos e esperanças / Mariano Hebenbrock. - 1. ed. - Curitiba : Appris, 2022.
	   192 p. ; 23 cm.
	
	   Inclui referências.
	   ISBN 978-65-250-3270-2
	
	   1. Memória autobiográfica. 2. Escritos de viajantes. 3. Imigrantes. 4. Fronteiras. I. Título.
	
	                                              CDD – 808.06692

Livro de acordo com a normalização técnica da ABNT

Appris
editora

Editora e Livraria Appris Ltda.
Av. Manoel Ribas, 2265 – Mercês
Curitiba/PR – CEP: 80810-002
Tel. (41) 3156 - 4731
www.editoraappris.com.br

Printed in Brazil
Impresso no Brasil

Mariano Hebenbrock

O (I)MIGRANTE
CONQUISTAS, FRACASSOS E ESPERANÇAS

FICHA TÉCNICA

EDITORIAL Augusto V. de A. Coelho
Marli Caetano
Sara C. de Andrade Coelho

COMITÊ EDITORIAL Marli Caetano
Andréa Barbosa Gouveia (UFPR)
Jacques de Lima Ferreira (UP)
Marilda Aparecida Behrens (PUCPR)
Ana El Achkar (UNIVERSO/RJ)
Conrado Moreira Mendes (PUC-MG)
Eliete Correia dos Santos (UEPB)
Fabiano Santos (UERJ/IESP)
Francinete Fernandes de Sousa (UEPB)
Francisco Carlos Duarte (PUCPR)
Francisco de Assis (Fiam-Faam, SP, Brasil)
Juliana Reichert Assunção Tonelli (UEL)
Maria Aparecida Barbosa (USP)
Maria Helena Zamora (PUC-Rio)
Maria Margarida de Andrade (Umack)
Roque Ismael da Costa Güllich (UFFS)
Toni Reis (UFPR)
Valdomiro de Oliveira (UFPR)
Valério Brusamolin (IFPR)

SUPERVISOR DA PRODUÇÃO Renata Cristina Lopes Miccelli

ASSESSORIA EDITORIAL Débora Sauaf

REVISÃO Monalisa Morais Gobetti e Cibele Bastos

PRODUÇÃO EDITORIAL William Rodrigues

DIAGRAMAÇÃO Jhonny Alves dos Reis

CAPA Daniela Baumguertner

COMUNICAÇÃO Carlos Eduardo Pereira
Karla Pipolo Olegário
Kananda Maria Costa Ferreira
Cristiane Santos Gomes

LANÇAMENTOS E EVENTOS Sara B. Santos Ribeiro Alves

LIVRARIAS Estevão Misael
Mateus Mariano Bandeira

GERÊNCIA DE FINANÇAS Selma Maria Fernandes do Valle

A minha mãe, Marilene (in memoriam).

AGRADECIMENTOS

O livro *O (I)migrante: conquistas, fracassos e esperanças* é uma obra produzida por vários atores, sejam eles em seus papéis principais, secundários ou terciários, porém de suma importância para a concretização deste sonho. Atores estes que me confiaram seus sonhos, suas vitórias e suas derrotas, as quais foram aplaudidas por uma plateia incontável. Assim são os incontáveis amigos e coautores que, no decorrer destas quase quatro décadas de imigração, apoiaram-me com suas palavras de conforto, encorajamento e apoio emocional. Nada mais justo do que encontrar um cantinho para imortalizar esses amigos que conseguiram comigo viajar por mais de 40 países, cruzando fronteiras, descobrindo novos horizontes, experimentando novos idiomas, culturas, religiões e sentir de perto o processo da territorialização, desterritorialização e reterritorialização. Aqui, os meus mais sinceros votos de agradecimentos vão para Risonete Schweiz, com quem tive o prazer de viver e viajar por muitos anos e em vários países. Um forte abraço vai para Josué Bezerra Chaves e Mary Mendes, que curiosamente sempre estiveram dispostos a se deliciar ouvindo minhas histórias. Ao Luís Carlos Cordeiro Lima, que, incansavelmente, corrigiu várias vezes o *script* deste livro e que tive o prazer de convidar para também escrever a orelha e um dos prefácios deste livro. Ao meu mais ilustre professor e amigo, José Bento, que, sem titubear, aceitou o convite para prefaciar esta obra. Ao meu amigo de profissão Lawrenberg Advincula da Silva, que, pacientemente, construiu a sinopse desta obra. Aos meus amigos José Adão e Marco Lorenzo, que me fizeram relembrar algumas expressões portuguesas. Ao meu amigo Minmoun Zanahi, que me explicava as expressões e impressões do mundo árabe. Ao meu amigo jornalista Arthur Maciel, o qual corrigiu os primeiros rabiscos do projeto deste livro. A minha querida amiga Viena Scimia, com quem corrigia as expressões de línguas estrangeiras. A todos os meus amigos virtuais espalhados pelos mais longínquos rincões deste mundo. E como não poderia deixar de citar aqui, o mais forte e belo abraço para todos os meus irmãos argentinos, que dividiram comigo a dor e a delícia de viver em Londres, na Caledonien Road (Ivan, Luli, Joaquin, Xell, Emílio, Lucia, Chipa, Caio, Arqui, Begonia, Inaki, Guido, Fernando, Juanchi, Marcelo, Leche e Pandu).

E, quando o imigrante peregrinar convosco na vossa terra, não o oprimireis. Como o natural, entre vós será o imigrante que peregrina convosco, amá-lo-eis como a vós mesmos, pois imigrantes fostes na terra do Egito. (Bíblia Sagrada, Levítico 19:33-34)

PREFÁCIO

Ler é viajar sem sair do lugar, voar sem ter assas,
Caminhar sem tirar os pés do chão,
Sonhar acordado, navegar em um mar de palavras, [...]

(Alice Ferreira)

Ler *O (I)migrante: conquistas, fracassos e esperanças* é mais que uma simples leitura. É uma verdadeira imigração. Imigração por territórios nunca dantes percorridos, territórios permeados por histórias, por lutas, por sofrimentos, por dores, por conquistas, por fracassos, por esperanças. É mais que uma viagem por entre as palavras. É viver e reviver, a cada linha, emoções, adrenalinas, medos, alegrias, experiências novas, aprendizados, leituras de mundo sob as lentes de quem nos conta, o qual, cuidadosamente, aproxima-nos de culturas diversas, línguas diversas, oportunizando-nos estabelecer um diálogo com a realidade de quem lê.

Imigrar e/ou "(Ir) Migrar" é também deleitar-se com a observação minuciosa da tessitura do texto, do estilo próprio de iniciar cada capítulo, do gesto instigante de ensinar outro idioma pela inserção de trechos de diálogos com pessoas das mais diversas nacionalidades.

E por falar em diálogo, não é essa a sensação que se tem ao se ler? Não parece uma conversa? Basta perceber que a linguagem, por vezes, adequa-se, tornando-se mais coloquial, mais próxima de quem lê. E, de repente, ela se transmuda, passando para um nível mais formal, mais científico, a fim de que o leitor sinta que, ao mesmo tempo que está "imigrando", está tendo uma aula de história, de geografia, de geopolítica, de religião, de sociologia.

A história é tecida por informações sobre datas importantes de emancipações de países, de (re)constituição de países — como é o caso de Israel —, de início e fim de reinados, de fins de regimes ditatoriais, absolutistas e a consequente substituição por outros sistemas de governo, da coexistência "pacífica" entre o pensamento conservador e o pensamento progressista — especialmente em países do Oriente —, além da contação de como se deu esse processo de harmonização de formas de pensar, de costumes, de crenças diversas.

Na geografia, deleitamo-nos com as descrições de belas paisagens, construções arquitetônicas — algumas delas antigas e "sobreviventes" ao tempo —, considerando-se também cores, formas, sons, odores e gestos, dadas as suas significações, garantindo, dessa forma, ao leitor, uma apreciação mais apurada de cada região.

Em âmbito político, geopolítico e sociopolítico, aborda-se, por exemplo, "a discriminação racial", a partir de relatos de situações por Mariano, pseudônimo Cláudio, vivenciadas em diversos contextos, de questionamentos sobre sua nacionalidade, sua filiação, sua residência atual, sua formação, retratando-nos os "constrangimentos", "aborrecimentos", "sentimentos de exclusão", sensações de que não estava "à altura" de determinado ambiente. Esse testemunho enriquece ainda mais a obra, na medida em que se mostra engajada com questões sociais, já que as problematiza, que as questiona até que ponto as sociedades — especialmente as autodefinidas como evoluídas — conseguiram superar essa incapacidade de convivência com a pessoa de etnia, de nacionalidade diferentes.

Além disso, discute-se a realidade da "aporofobia" (termo desconhecido por muitos), da corrupção política, da hipocrisia de certas pessoas, do descaso das nações com relação às outras e, ainda, dos resultados de conflitos por motivos a se considerar banais etc. Nesse momento da leitura, convida-se a uma pausa para reflexão e percepção de que essas mazelas sociais (e tantas outras) ainda se constituem como parte integrante não apenas de países emergentes ou subdesenvolvidos, mas também constituem a realidade que perpassa todas as sociedades, todos os continentes. E permanecem vivas. E muito vivas.

Ao final, um glossário surge como mais uma oportunidade de ampliar o repertório sociocultural, visto que esclarece, de forma didática, o significado de expressões, de termos técnico-científicos presentes no texto. Atitude esta que revela um zelo na construção da obra, de modo a não deixar o leitor desamparado e/ou com a impressão de que algo ficou sem explicação. Muito ainda se poderia falar sobre a obra, dada a sua riqueza, contudo encerramos afirmando que o seu conhecimento é o "passaporte" para todo aquele que deseja também ser um imigrante, de "romper as próprias fronteiras" mediante a ampliação do saber.

Luiz Carlos Cordeiro Lima
Professor de Língua Portuguesa do estado de Pernambuco

PREFÁCIO 2

O Carona

Assim que me senti ao terminar a leitura da obra de Mariano Hebenbrock, pseudônimo Cláudio: foi uma carona. Conheci países de quatro continentes sem sair de casa, corroborando o adágio: "quem lê, viaja". Não vou contar como foi a viagem, vou deixar que o próprio leitor faça como eu fiz, que embarque nesta viagem. Há vagas, faça logo a mochila e pé na estrada!

Por meio de uma leitura leve, o autor apresenta as suas vivências por este "mundão de Deus sem fronteiras", como se diz popularmente. Antes não tivesse fronteiras, as experiências vividas por Mariano mostram-nos que elas estão bem presentes no mundo dos homens de diferentes formas, embora haja uma transversalidade nas culturas, como apontou o seu olhar, ao ver aspectos similares entre Juazeiro do Norte e Cairo, lugares geograficamente tão distantes. Confesso que, ao ler as páginas iniciais, eu conseguia ouvir o cantor e compositor Antônio Carlos Belchior, cearense, cantando os tempos cruzados entre sertão e civilização; sugerindo que eles se confundem, ao invés de se excluírem.

A situação de (i)migrante fala da condição humana, do enraizamento/ desenraizamento, de ser e não ser, de construção e ressignificação de identidades, numa sociedade que se pensa mais no singular do que no plural, que foi plasmada na dicotomia do: "ou isto, ou aquilo?" Onde malgrado toda a experiência do passado, como a caça às bruxas, o nazifascismo, o *apartheid*; ainda testemunhamos a xenofobia, racismo, preconceitos e suas formas correlatas. A narrativa do autor evidencia que há muito a se fazer para combater esse espectro que insiste em viver entre nós, às vezes camuflado, outras vezes escancarado, sem nenhum pudor, de uma forma "naturalizada", como o leitor terá a oportunidade de sentir por meio da escrita de quem sentiu na pele por não estar dentro do "padrão" preconizado de um alemão.

Nesta viagem aprende-se muito de história, geografia, antropologia, política etc. A descrição da paisagem, dos lugares, dos costumes, dos outros. É possível fazer o exercício da alteridade, se estivermos abertos a isso. Os embarques e desembarques, a espera no aeroporto, os encontros inusitados, os estranhamentos, as amizades e oportunismos que quase colocaram o autor numa enrascada. Os riscos de quem sai de casa com uma mochila nas costas na ânsia de cruzar o mundo repleto de fronteiras, as táticas e estratégias que se tem que construir para vencê-las; muitas vezes tendo que contar com a sorte.

Qual é o tempo do (i)migrante? Como pensar no deslocamento geográfico sem pensar no tempo? Num primeiro momento, lembrou-me o conceito braudeliano de dialética dos tempos: o tempo curto, o tempo médio e o tempo longo; as permanências históricas que estavam por debaixo do tapete e surgem tal qual uma fênix das cinzas; ao mesmo tempo as evidências das rupturas. Essas revelações remeteram-me a leituras pretéritas que fiz ao longo da minha graduação em História. Ao falar da passagem pelo Peru, por exemplo, trouxe-me a fragilidade das democracias na América Latina, já denunciadas na década de 1980 por escritores como Eduardo Galeano, José Júlio Chiavenato, apontando que o genocídio produzido pelo imperialismo no século XIX é que fez o "subdesenvolvimento" do presente.

Chamou-me a atenção a forma como Mariano revela o que viveu, com uma narrativa aprazível, mas que nem por isso deixa de nos alertar para os cuidados que devemos tomar ao cruzar as fronteiras, seja por qual motivo for. Importante, além disso, que ele mostrou de onde está falando, por isso fala desta maneira, em que a experiência vivida é a tônica da narrativa, corroborando a frase "a experiência é o pensar com os pés". O autor revela-se um exímio narrador, daquele preconizado por Walter Benjamin, bastante raro nos dias atuais, em virtude da falta de contemplação, do olhar investigativo e do "ruminar" daquilo que se viu e ouviu. Além de olhar, é preciso ver; como recomenda o jargão: "olha pra você ver!" Ele não só viu, mas também nos mostra o que viu.

No decorrer da leitura surgiu-me uma inquietação: como teria sido a tessitura da obra? Tão cheia de detalhes, de pormenores! Teria sido escrita no calor da hora, como quem levasse um caderno de campo, ao estilo dos antropólogos? Fui satisfazer minha curiosidade, afinal, tenho uma proximidade com Mariano por ter sido ele meu aluno no curso de História, na Universidade Federal de Pernambuco, na disciplina História da África. Pois bem, ele contou-me que a escrita foi *a posteriori*, a partir, sobretudo, dos documentos que possuía, tais como tickets das passagens, registros de hospedagem, notas de restaurantes, aquilo que bem poucos de nós guardamos depois das viagens. E mais, por meio dos amigos que o ajudaram a relembrar os fatos, a partir da comunicação via internet. Além disso, contou-me que a escrita foi iniciada num momento em que retornara ao Brasil, primeiras décadas do século XXI, quando estava desempregado. Acrescentou que a escrita teve também um carácter terapêutico.

A partir dos "fragmentos" das viagens, auxiliados pelos amigos que com ele estiveram em várias circunstâncias, Mariano foi montando o passado, algum tempo após. Nesse sentido, relembrar é refazer o passado com o que ficou. Foi este o trabalho executado pelo autor, que tenho o prazer de prefaciar e que chegará aos mais diversos leitores.

Desejo a todos uma "boa viagem", proporcionada por Mariano Hebenbrock, pseudônimo Cláudio.

Camaragibe (região metropolitana do Recife), em 10 de abril de 2022.

José Bento Rosa da Silva

Professor do Programa de Pós-Graduação em História da Universidade Federal de Pernambuco (UFPE)

Sumário

CAPÍTULO 1
AMÉRICA DO SUL...19
1.1 BRASIL PARTE I: DE LONDRES AO CARIRI CEARENSE 19
1.2 BRASIL PARTE II: O RETORNADO...23
1.3 ARGENTINA PARTE I: PAÍS DE *LOS HERMANOS* (PAÍS DOS IRMÃOS).....25
1.4 ARGENTINA PARTE II: NEM TODOS SÃO *PORTEÑOS*.....................29
1.5 CHILE: PASSAGEIROS DO VOO 3347......................................32
1.6 PERU: CLASSE MÉDIA DECADENTE...36
1.7 VENEZUELA: ROUBO EM PLENA FOLIA.....................................39
1.8 URUGUAI: PAZ, AMOR E ALEGRIA..41
1.9 PARAGUAI: UM GENOCÍDIO INESQUECÍVEL................................45

CAPÍTULO 2
AMÉRICA DO NORTE 49
2.1 ESTADOS UNIDOS DA AMÉRICA: SONHO REALIZADO 49

CAPÍTULO 3
EUROPA...53
3.1 BÉLGICA: UMA AULA DE CULTURA (CHOQUE CULTURAL) 53
3.2 GRÃO-DUCADO DO LUXEMBURGO: SEM RUMO,
SEM DOCUMENTO...56
3.3 HOLANDA: *FREEDOM* NOTA MIL...59
3.4 FRANÇA: ONDE ANDA A *LIBERTÉ, EGALITÉ, FRATERNITÉ DE
LA GRANDE NATION?* 62
3.6 ITÁLIA: RACISMO COMO O NOSSO 66
3.5 SUÍÇA: BELEZA PURA..69
3.7 ESPANHA: SOL, PRAIA E MUITA IGNORÂNCIA............................73
3.8 PORTUGAL: PIADAS DE MAU GOSTO 76
3.9 INGLATERRA: *THE CALEDONIA FAMILY* (A FAMÍLIA CALEDÔNIA).......80
3.10 ESCÓCIA: O ÓDIO ENRUSTIDO 88
3.11 ÁUSTRIA: LESTE OU OESTE, DE QUE LADO FICAR?.....................92
3.12 DINAMARCA: UM PEDACINHO DO CÉU 95
3.13 SUÉCIA: SOMOS NÓRDICOS...99

3.14 ALEMANHA: *KOFFER VOLLE HOFFNUNG*
(MALA CHEIA DE ESPERANÇA)..102
3.15 POLÔNIA: ENCONTRO MARCADO COM A NATUREZA 111
3.16 TURQUIA: ISTAMBUL - OCIDENTE, A PORTA PARA O ORIENTE....114
3.17 ESLOVÁQUIA: BRATISLAVA – PÉROLA DO DANÚBIO 117
3.18 REPÚBLICA TCHECA: A CAPITAL RELUZENTE 120
3.19 HUNGRIA: BUDA É REALMENTE UMA PESTE DE BELEZA 123
3.20 FINLÂNDIA: O SOL DA MEIA-NOITE....................................128
3.21 LITUÂNIA: A BELEZA DO CATOLICISMO ORTODOXO.................131
3.22 LETÔNIA: RIGA, CAPITAL DA ART NOUVEAU..........................134
3.23 ESTÔNIA: A MAIS BELA DOS BÁLTICOS 137

CAPÍTULO 4
ÁSIA..141
4.1 TURQUIA: ISTAMBUL - ORIENTE, A PORTA PARA O OCIDENTE........141
4.2 ISRAEL: PAÍS NOVO EM TERRA VELHA 144
4.3 PALESTINA: TERRA VELHA EM PAÍS INEXISTENTE.....................151
4.4 LÍBANO: PARIS DO ORIENTE...155
4.5 SÍRIA: O ENCLAVE DO OCIDENTE 158
4.6 JORDÂNIA: A CIDADE DE PEDRA NA PEDRA 161
4.7 IRÃ: O POVO PEDE LIBERDADE...165
4.8 TAILÂNDIA: UM PARAÍSO EM MEIO AO CAOS 170

CAPÍTULO 5
ÁFRICA...175
5.1 MARROCOS: A TRAVESSIA DA MORTE....................................175
5.2 TUNÍSIA: FESTA PARA REI NENHUM BOTAR DEFEITO 179
5.3 EGITO: O MEDO FOI MAIS FORTE...182

REFERÊNCIAS 186

GLOSSÁRIO 189

CAPÍTULO 1

AMÉRICA DO SUL

1.1 BRASIL PARTE I: DE LONDRES AO CARIRI CEARENSE

Capital: Brasília
Língua oficial: Português
Governo: República Federativa
População: 190.987.291
Moeda: Real

Quando menos espero, as histórias entrelaçam-se. Qual a relação entre Londres e o Cariri cearense? De imediato, nenhuma! Até porque Londres, a capital da Inglaterra, possuidora de status internacional, por ser considerada a capital do mundo, lugar onde se falam mais de 200 idiomas diários em suas *roads*, *streets* e *avenues*, não iria se preocupar em manter relações com uma das regiões mais pobres do Nordeste brasileiro. Até mesmo por possuir uma rainha e ostentar títulos de nobreza. Porém, ao se aprofundar na relação Londres-Cariri, percebe-se que aqui se encontra um dedo europeu, principalmente dos grandes impérios como o Reino Unido e França. O Cariri, por outro lado, uma região do sertão nordestino, encravada entre quatro estados brasileiros e relegada à miséria e ao banditismo do século XIX, o que teria a ver com a política expansionista britânica? Se observarmos bem, lá nos confins da história está o dedo londrino, pois é atrás dessa impressão digital inglesa onde se esconde uma atrocidade cearense. A aceitação de uma ordem inglesa por parte dos governantes brasileiros da época, em específico do governo cearense, obrigou o povo mais pobre do Ceará, precisamente da região do Cariri, a pagar com seu próprio sangue.

Essa história começa ainda em meados do século XIX, quando Brasil, Argentina e Uruguai declaram guerra ao Paraguai — a conhecida Tríplice Aliança —, a mais sangrenta guerra da América Latina. No início do presente século, o Paraguai possuía uma das mais prósperas economias da região. Entretanto, não possuía uma democracia como os outros países que lhe rodeavam, fato este a não representar desvantagem para a população, pois, conforme Gomes (1966) e Chiavenato (1984), o nível de analfabetismo era baixo, o índice de emprego, moradia e alimentação atingia a sua taxa máxima. Além disso, o país também não possuía dívida externa, nem as suas riquezas eram exploradas por capitais estrangeiros. Ao contrário, o Paraguai estava começando, com seus próprios recursos, a sua industrialização, causando, assim, certo repúdio por parte das outras nações que o circundavam.

Todo esse crescimento por parte do Paraguai tocava apenas o ego dos países vizinhos e também o das grandes potências imperialistas da época, como o Reino Unido. Os grandes capitalistas de Londres, com medo de o modelo paraguaio ser copiado por outros países da região, resolveram investir pesado nesses países para travar uma luta armada contra o Paraguai, desencadeando a conhecida Guerra da Tríplice Aliança. Ou seja, a Inglaterra faz investimentos tanto em recursos financeiros como em materiais bélicos para que a guerra seja duradoura. Segundo Gomes (1966) e Chiavenato (1984), no período da guerra, o Brasil contava com um contingente de 16 mil homens, enquanto o Paraguai possuía 100 mil. Para aumentar o número de soldados, a milícia brasileira viu-se obrigada a recrutar homens do Ceará, visto, na época, não haver obrigatoriedade no serviço militar. Os soldados eram, em sua maioria, voluntários, porque, devido ao nível de clientelismo já vigente na época e a forma de divisão dentro do exército, o recrutamento era feito de três formas: a) primeiro, os mais abastados, sendo já oficiais, não iam lutar no *Front*; b) segundo, eram os membros da classe média que, por já estarem de cartas marcadas, terminavam não chegando à linha de fronteira; c) terceiro, o grupo dos mais pobres, os habitantes de regiões como a do Cariri, os quais não tinham direito a outra opção a não ser defender o seu país e que terminavam morrendo em defesa de um objetivo britânico: acabar com a riqueza próspera paraguaia. Após cinco anos de guerra, o Paraguai, vencido pelas forças aliadas, é obrigado a pagar milhões de libras esterlinas como indenização, bem como vender suas terras a banqueiros estrangeiros. Porém, o pior mesmo ficou por conta da dizimação humana, pois, com isso, os paraguaios e megametrópoles perderam 75% da população total. Do Ceará, de uma porcentagem de 6 mil enviados à guerra, morreram 4.700 homens.

Ainda na Europa, eu, constantemente, pensava em um dia morar numa cidade onde a população fosse inferior a 1 milhão de habitantes. Por ter nascido e me criado em cidades grandes e ter vivido muitos anos naquelas ditas cidades cosmopolitas, sempre tive a curiosidade de conhecer de perto costumes e modos de vida delas. Na Alemanha, conheci um brasileiro natural do Juazeiro do Norte e criminólogo, de fala mansa e costumes recatados. Foi por meio dele que esse meu desejo criou força, porém, por ironia do destino, resolvi mudar os planos. Com a volta dele ao Brasil, mudei-me para Londres, visto que a vontade de viver em uma pequena cidade persistiu. Depois de um período em terras londrinas e contato constante com o meu amigo da Alemanha, preferi deixar a Europa e me instalar em uma cidade na região do Cariri, Sertão do Ceará, Nordeste do Brasil, precisamente em Juazeiro do Norte, a conhecida capital da fé do povo nordestino. A recepção foi calorosa, fazendo jus ao clima, que, de acordo com os moradores mais antigos da região, nos últimos quatros meses do ano a temperatura chegava a atingir seus 40 graus. Além disso, a população duplica por conta do número de romeiros que ocupa a cidade nos meses de setembro, novembro e fevereiro. Nessa cidade, encontra-se a terceira maior estátua do mundo: a do Padre Cícero Romão Batista, homem que, após a morte, passou a ser venerado pela população como santo. A devoção da população para com o Padre Cícero é algo que, mesmo para os menos abastados da religiosidade católica, chama a atenção, pois, para qualquer lugar que se olhe, lá está ele com sua batina, chapéu preto e cajado na mão. Parece mesmo uma lei! Seja nas lojas, nas repartições públicas, nas escolas, nos cartórios, nos pontos de ônibus, estampado em camisetas, em lojas de suvenires e, mais comum, nos crucifixos portados nos pescoços da classe mais carente. No entanto, a figura do Padre Cícero vai além de uma estátua na região do Horto, local onde esta foi erguida, bem como na praça principal da cidade, já que o nome também está estampado nas ruas, em nomes de batismo, em para-brisas de carros, por fim, *everywhere*.

Vale ressaltar que a cidade não vive só da religiosidade. De acordo com o Instituto de Pesquisa e Estratégia Econômica do Ceará -(Ipece) (2008), Juazeiro do Norte possui um PIB de R$ 718.884.000,00 e o comércio, setor principal da economia local corresponde a 69,6% do PIB municipal. Levando em consideração o mercado informal não inserido na contagem do PIB, esse número deve ser bem mais alto. Já a indústria corresponde a 29,84% do PIB local. Outro fator a chamar a atenção dos turistas e novos moradores de outras regiões do Brasil — ou do mundo que aporta por aqui —, é a miscigenação e o estilo de vida do povo juazeirense (WIKIPÉDIA, 2008).

Eu sempre tive em mente que o povo brasileiro, além de sua formação étnica padrão (português, africano e indígena), tinha também algo de árabe. Porém, eu nunca pensei ser essa característica tão presente e latente na vida do sertanejo. As igrejas superlotam às sextas-feiras para a missa matinal, contexto em que se veem senhoras de preto, muitas delas ainda trajando um véu e conduzindo seus crucifixos em mãos. O mesmo acontece nas mesquitas em países árabes, onde, na Sexta-Feira Santa, o movimento de adeptos ao Islamismo triplica, cada um trazendo a sua coroa de rosas nas mãos. Em Juazeiro, também se vê uma grande quantidade de jovens em grupo, muito parecido com países árabes, nos quais ainda se mantém a tradição do contato sexual apenas após o casamento. O afeto, o toque, a forma cuidadosa de falar para não magoar continuam a ser características do sertanejo. Com relação às feiras, como a do Pirajá, é possível compará-las aos mercados árabes, como o de Istambul, na Turquia, ou mesmo o de Casablanca, no Marrocos, onde de tudo se vende e de tudo se compra. São bancos de verduras e frutas, pescados e carnes vermelhas, cujos preços são anunciados pelos vendedores aos clientes, os quais compram ou tentam negociar o preço, a famosa pechincha. Além disso, curioso é o poder de barganha. Veja-se, por exemplo, a Feira de Troca, próxima ao Romeirão (estádio de futebol), onde de tudo acontece e de tudo se encontra: desde um rádio de pilha a um toca-fitas de carro, um galo de raça ou uma geladeira usada. Apesar disso, a melhor comparação, de fato, é com o mercado público. Caso os vendedores falassem árabe, certamente se estaria em qualquer mercado da Palestina. Eles puxam-te, oferecem-te objetos por um preço mais baixo que o da concorrência. E, ainda, se for hora do almoço, perguntam-te se já almoçou, oferecem-te, de alguma forma, ao menos um copo com água para matar o calor escaldante, como uma tentativa de reter o cliente a qualquer custo.

O trânsito, por sua vez, é caótico, como em qualquer cidade grande de países árabes, como em Cairo, Alexandria ou Djerba, na Tunísia. Para quem está acostumado com uma civilização europeia, na qual o tráfego tem suas ordens e leis que o regulamenta, estando aqui, esqueça isso! Nota-se que a preferência é sempre do mais pesado ou do mais rápido, não importando se o passante está na faixa de pedestres ou atravessando em um sinal vermelho para o automóvel. Outra característica marcante para quem chega a Juazeiro — além da grande quantidade de ambulantes ilegais a superlotar as calçadas, impedindo o transeunte de circular livremente pelo centro —, é a poluição visual causada pela grande quantidade de placas nas ruas e avenidas da cidade. Para se ter a certeza de que não se está na Inglaterra ou em algum país árabe, e sim na região do Cariri, basta andar em algumas áreas da cidade para perceber que, em vez de camelos e cavalos puros-sangues, ainda se vê uma grande quantidade de cavalos mestiços e burros a puxar carroças.

1.2 BRASIL PARTE II: O RETORNADO

O bom filho a casa torna.
(Lucas 15: 11-32)

Ao se começar um texto sobre imigrante, faz-se necessário, antes de mais nada, entender, dentro de um contexto científico, o sentido de lar. A questão do lar está, portanto, diretamente relacionada ao desenvolvimento individual e ao fundamento emocional da própria identidade. O lar é uma memória transgeracional, claramente definida, que engloba o contexto social de uma vila, cidade ou país, onde memórias surpreendentes podem ser ouvidas em todos os cantos. O lar é, pois, um fenômeno de ressonância. É o espaço claramente definido em que o caminho desejado se desvia das memórias involuntárias. Lar é "o lugar onde as memórias são familiares", escreveu Jan Brachmann no *Frankfurter Allgemeine Zeitung* de 13 de outubro de 2018. Na nova atualidade, o conceito de lar originou-se em conjunto com um discurso de ameaças cada vez mais grosseiro. Dizem que a globalização e a migração levam automaticamente à delimitação total e à perda de identidade. Isso desencadeia um medo difuso e um sentimento de perda, enquanto um conceito enfático de lar e pessoas é, então, construído.

Para a construção deste texto, tive várias conversas e recebi diversos conselhos de especialistas em migração, os quais, após ouvir minhas histórias, informaram-me de que o termo *lar*, portanto, assume uma qualidade totalmente nova em tempos de crise. Até agora, a gravidade da crise foi sentida, particularmente, por aqueles que perderam suas casas devido à fuga, ao deslocamento e à migração. Enquanto isso, entretanto, é cada vez mais comum pessoas assentadas que veem sua terra natal ameaçada por imigrantes. De fato, você também pode perder sua casa sem se mexer. Isso acontece, por exemplo, quando seu próprio país é subitamente pressionado para uma forma política e cultural diferente, mudando, dessa forma, o reconhecimento que você possuía.

Nesse caso, paro para pensar: após anos de travessia entre continentes, países e cidades — seja com status de residente, turista ou estudante, participando de um processo migratório de curto prazo, longo prazo, ou até mesmo de uma migração forçada —, onde é o meu lar? No meu caso, posso afirmar que o meu lar está associado ao meu bem-estar, tanto social, como educacional e cultural. O fato de eu ter nascido no Brasil, e desde muito cedo ter tido contato com várias culturas, idiomas e nacionalidades diferentes, fez-me ver o mundo por um outro viés, principalmente pelo fato de que houve momentos em que tive que decidir que nome usar, qual nacionalidade apresentar e com qual passaporte cruzar uma fronteira.

Vivendo aproximadamente quatro décadas fora de meu país de nascimento, o qual eu chamava de lar, em alguns momentos de dificuldades em meu país de acolhimento, resolvi retornar. O retorno físico pode ser imediato: basta se desfazer de alguns bens materiais ou não, cruzar uma fronteira geográfica preestabelecida politicamente e entrar em seu circuito social, cultural e geográfico, o qual chamamos de lar. O meu maior problema foi a reinserção nesses ambientes, quando, muitas vezes, já não me reconhecia como parte integrante desse lar. Mesmo assim, consegui viver por quase uma década relutando comigo mesmo por uma melhor integração. Como diz o ditado popular: "Brasil não é um país para amador". Durante todo esse período, consegui trabalhar, estudar, fazer novos amigos e resgatar uma parte da amizade, que, pelo tempo e a distância, havia se perdido.

Porém, em algum momento, percebia que uma parte de mim havia ficado pelo caminho, enquanto uma outra estava comigo, mas não a parte desejada pelos compatriotas. E sobre isso muitos deles se davam conta pelo meu falar, comportamento, estilo de vida, abordagens de temas, conhecimentos. Isto não se aplicava ao grau de inferioridade ou superioridade, mas sim por haver uma diferença cultural adquirida nos lares de acolhimentos. O Brasil sempre foi visto de fora, ou de dentro, como um país acolhedor, caloroso, alegre e de pessoas que esbanjavam beleza, porém não acolhedor para pobres, negros, favelados e analfabetos. Estes, para uma camada da sociedade brasileira, deveriam desaparecer, ou ser extintos, ou melhor, não frequentar determinados locais públicos, muitos dos quais, em seus momentos de construções, foram justamente pensados para a camada social mais abastada. Com isso, a dor da não identificação, a solidão, a não integração, o não reconhecimento, o racismo e o preconceito me fizeram refazer as malas e retornar para um de meus lares de acolhimento.

O fato de eu ter morado em muitos países, nos quais a democracia se faz valer na prática, onde o direito básico do cidadão, seja ele negro, pobre, analfabeto ou imigrante é respeitado — onde um plano para futuro pode ser posto em prática —, fez-me pensar seriamente em meu retorno. Dentre vários países que vivi, resolvi voltar à Alemanha, país no qual estudei, assumi outra nacionalidade, construí amigos e família. A dor do deslocamento continua, parece eterna, mas foi ali que consegui objetivos que em meu país de origem pareciam impensáveis.

O retorno, seja para o seu Lar, seja para um país de acolhimento, não é fácil. Muitas vezes, é preciso começar do zero, na construção de amizades, na busca por emprego, moradia, inserção na sociedade, porém, com o tempo, percebi que o sentimento de pertencimento surge ancorado onde a memória humana se sedimenta, onde encontramos o conforto de uma relação afetiva e experiencial. Para alguns especialistas em migração, a inserção dos migrantes em um novo contexto não significa a perda ou, simplesmente, a fusão de sua cultura original com a local. Ao contrário, ela tende a simplificar-se e a condensar-se em alguns traços que passam a ser distintivos para o grupo que os veicula, proporcionando-lhe maior visibilidade. Para os que não me conhecem, prefiro parafrasear o sociólogo e filósofo polonês, Zygmunt Bauman (2001, p. 8), afirmando que "Eu sou um homem líquido, híbrido, exilado, traduzido, transplantado, transportado, plastificado. Eu sou pós-moderno".

1.3 ARGENTINA PARTE I:

PAÍS DE *LOS HERMANOS* (PAÍS DOS IRMÃOS)

Capital: Buenos Aires
Língua oficial: Espanhol
Governo: República Presidencialista
População: 39.356.215
Moeda: Peso Argentino

¿Quién es mejor: Pelé o Maradona? Esta foi a primeira pergunta que um argentino me fez no Aeroporto de São Paulo, quando eu estava embarcando em um voo da Aerolíneas Argentinas para Buenos Aires, em 1992. Bom, após desembarcar no Aeroporto Internacional Ezeiza da capital argentina, às 21h30, vários foram os choques culturais. Primeiro, o cumprimento entre dois homens com beijos — eu nunca tinha visto! Segundo, várias pessoas portando uma garrafa térmica à mão e uma cumbuca recheada de uma erva verde e tomando um tipo de bebida, até o momento desconhecida. Sem contar com uma pergunta que rodeava insistentemente a minha cabeça:

"onde andam os negros, mulatos e mestiços, os quais são maioria no Brasil?" Pergunta sem resposta! Continuo à espera de uma amiga brasileira que não aparece. Após horas de ligações, localizo-a. Ela responde-me em um tom meio espanholado:

— *Hola, choco, no te preocupes, mi cuñada te va a ir buscar.*

Foi tudo. E desligou. Após duas horas de espera, aparece a cunhada com o filho que não hesitou em me dar dois beijos. Fomos para sua casa e, no outro dia, às 5h da manhã, levaram-me ao terminal de ônibus onde eu deveria tomar um coletivo em direção à estação central de trem, a fim de partir ainda para Chivilcoi, província de Buenos Aires. Dentro do trem, era incrível a forma como *los hermanos* me olhavam, pois pareciam nunca terem visto um mestiço. Após horas de viagem, perguntei para uma senhora sentada logo a minha frente:

— *¿Por favor, cuánto tiempo falta para llegar a Chivilcoi?*

A senhora, com um ar meio de espanto pela minha tentativa de falar espanhol, me olha e diz:

— *Está cerca.*

E aponta com o dedo indicador para fora da janela. Sigo o seu gesto e vejo um campo coberto de vacas e uma cerca de arame farpado. Por conta disso, não entendi a ligação entre a minha pergunta e aquela cerca de arame farpado. Bem, continuei olhando aquela paisagem típica da Argentina. Após meia hora, desembarquei em Chivilcoi. Nessa cidade, não havia ninguém a minha espera, portanto, tomei um táxi e segui com o endereço na mão. Em seguida, algumas horas em frente à casa da amiga, toquei a campainha. Ela abriu a porta e me recebeu como se nada tivesse acontecido, explicando-me que a sineta, já há alguns dias, estava avariada.

Dadas as saudações de boas-vindas, a amiga resolveu me mostrar o quarto onde eu deveria passar os próximos dias. Este era estilo uma dispensa, onde se guardavam materiais de trabalho. O cheiro forte de couro cru, tinta fresca e epóxi exalava toda a noite, causando-me dor de cabeça e ânsia de vômito. No outro dia, como todo bom turista, meu desejo mesmo era conhecer a cidade e o que ela poderia me oferecer. Após algumas voltas de bicicleta, dei por conta de que a cidade já havia acabado. À noite, havia uma discoteca, na qual todos os jovens se reuniam para tomar umas Quilmes. Ali vamos, minha amiga e eu, tentando mostrar aquilo que os brasileiros têm de melhor. Fracasso total! Nada de samba, pagode ou forró. O que rolava mesmo era cúmbia, estilo de dança típica da Argentina.

Como toda cidade pequena sul-americana que se preza, Chilvicoi tem uma praça, uma igreja, um fórum e vários grupos de jovens a rodeá-los, porém, o que chamava a atenção, era a quantidade de gente com mateiras — uma bolsa na qual os argentinos portam o mate, o conhecido chimarrão pelos gaúchos do Sul do Brasil — e uma garrafa térmica cheia de água quente. Cada grupo possuía a sua própria mateira. O mate girava de mão em mão e cada componente do grupo tinha que tomar certa quantidade e voltar a cumbuca para o anfitrião da roda. Este, por sua vez, tinha a obrigação de encher novamente a cumbuca de água quente e passá-la ao próximo. Esse ritual, quase sacro, fez-me parar e perguntar a um dos jovens que tipo de erva era aquela e se eu poderia fazer parte da roda. Um dos garotos, cuja fisionomia aparentava aproximadamente 17 anos, de nome Martín, adiantou-se e me perguntou:

— *¿Cómo te llamas y de dónde vienes vos?*

— *Mi llamo Cláudio y vengo de Brasil.*

— *¡Si quieres probar, bien! Pero, en principio, mi parece amargo para vos.*

O garoto tinha razão: a bebida era realmente amarga. O gosto da bebida era tragável, porém o inaceitável era a quantidade de bocas pelas quais a bombinha colocada dentro da cumbuca precisava passar até chegar a minha vez. Esse foi o primeiro contato direto com uma língua estrangeira em seu país de origem. Volto para casa e conto a experiência vivida a minha amiga, a qual me responde com um ar seco e em seu portunhol de quem vive no país, mas não gosta:

— *¿Piensas que são gente boa? ¡Quédate un tiempo más y verás como son los argentinos!*

Bom, tanto tempo eu também não tinha pelo fato de precisar retornar ao Brasil para continuar estudando. Passados alguns dias, eis que chegam as cobranças. Nesse período, fui obrigado a cooperar com a despesa da casa, ou seja, vender bijuterias feitas por ela e seu marido em uma feira hippie no centro de Buenos Aires. Para mim, tudo era alegria visto que meu anseio era aprender um idioma estrangeiro e conhecer um novo país. A amiga não perdia uma oportunidade para me corrigir nos meus erros primários de espanhol. Duas semanas depois, já me sentia livre para ir à *panaderia*, fazer compras em supermercados e até marcar encontros com amigos para jogar bilhar no único shopping da cidade. Percebendo a minha desenvoltura na língua e a velocidade com que eu ia fazendo amizade, ela foi logo tratando de procurar mais trabalho, não sabendo que eu estava de viagem marcada para o Chile.

Dias de reclamações: roupa suja, gastos com água quente, luz acesa sem necessidade, comendo muito, saindo sem dar satisfação, não lavando pratos, nem cooperando o suficiente com a despesa da casa. A todas essas reclamações fui obrigado a suportar até a minha saída do país de *los hermanos*. Chega um dia que cansa! Sem reclamar, saí de casa, como de costume, para ir à praça e, aproveitando a oportunidade, fui direto à estação de ônibus e comprei a minha passagem para Buenos Aires, capital. Chegando à casa, comuniquei estar partindo para Buenos Aires no outro dia pela manhã. A notícia pegou a amiga de surpresa:

— *¿Que vais fazer em Buenos Aires?*

— Se der tempo, conhecerei um pouco melhor a cidade e depois partirei direto para o aeroporto, de onde tomarei o avião para o Chile.

— Chile!!! Você já ouviu falar na Guerra das Malvinas?

Respondo com um ar irônico:

— Sim! Mas tenho algo a ver com a Guerra das Malvinas?

— Os chilenos são considerados como traidores do povo argentino e um amigo dos argentinos que se preza jamais contribuiria para o aumento da economia daquele país.

— Aparecida, eu acho que você deve estar um pouco equivocada, não tenho nada contra os argentinos e tão pouco contra o povo chileno.

Em 30 de dezembro de 1992, pela manhã, cheguei a Buenos Aires, capital. Já falando melhor o espanhol, saí correndo pela cidade carregando a minha bagagem em uma mão e uma mochila nas costas, procurando o ponto de coletivo de onde eu deveria partir para o Aeroporto de Ezeiza. A minha preocupação maior era com o dinheiro, cartão de crédito, passaporte e a passagem. Em caso de perdas, eu não saberia, naquela hora, a quem recorrer, além do mais, mudaria todos os meus planos de viagem. De acordo com o planejado, cheguei ao aeroporto e me deparei com o ritual que qualquer viajante conhece: troca de dinheiro, despache de malas, check-in, apresentação do passaporte e ouvido bem aberto para escutar em que *gate* o passageiro deve se dirigir. Após passar pela polícia federal e receber o carimbo de saída no passaporte, fui direto para a sala de embarque. Às 13h, eu já estava embarcando no voo 3347 da companhia Lan Chile em direção a Santiago.

1.4 ARGENTINA PARTE II: NEM TODOS SÃO *PORTEÑOS*

Quando eu morava na Alemanha, uma amiga espanhola me dizia: *"tener amigos argentinos es muy bueno, porque tú los compras por el precio que ellos se veden y los vendes por el precio que ellos dicen que valen"*. Essa frase não me saía da cabeça, até porque eu tinha vários amigos argentinos e estava prestes a viver na Inglaterra em uma casa com um grupo de correntino — aquela lá da Armou Close N7 —, porém, também não sabia a que tipo de argentinos ela se referia. Nesse momento, não é possível generalizar. Antes de partir para a ilha britânica, resolvi conferir de perto esse jargão espanhol. Não deu outra! O pior é que são assim mesmo! Entretanto, há uma retificação nesse provérbio que a espanhola havia esquecido: identificar de onde provêm esses argentinos. A maioria deles, melhor dizendo, 90%, são *porteños*, nascidos na região de Buenos Aires. No Brasil, poderíamos compará-los aos sulistas. Típicos soberbos, filhos de imigrantes do Sul da Itália ou da região da Galícia na Espanha. Por possuírem uma descendência europeia, falsificam o título como sendo um cidadão europeu, mesmo fazendo parte de uma geração perdida: aquela não falante da língua dos seus ancestrais, não possuidora do mínimo de cultura europeia, nunca residente no velho continente, além de não saberem de onde vieram nem para onde vão.

Ao chegar a Buenos Aires, fui convidado por um amigo *porteño* para ir a uma festa. Nessa reunião, fui apresentado como o amigo alemão que estaria passando férias na Argentina e deveria seguir viagem para o nordeste do país, em direção a Corrientes. Ao entrar na casa, logo fui surpreendido pelos comentários do gênero:

— *¿Alemán ou Jamaiquino? ¡Mira el pelo de ese pibe boludo!*

Apesar de tudo, eles não sabiam que eu falava espanhol e, para a surpresa de muitos, ainda com sotaque argentino. Bom, também faltaram poucos minutos para eu cair na graça de todos ali presentes. Depois de um bate-papo, já havia sido convidado a tomar parte em um grupo de amigos do Fernando, o meu amigo *porteño*. A conversa foi fluindo em uma direção a mim de forma um tanto indesejada. E, em meio a uma conversa sobre viagens, surge uma garota e diz:

— *Yo soy sírio-libanesa. Mis bisabuelos vinieron a vivir en Argentina, pero toda mi família es sírio-libanesa. En mi casa, todavía comemos Falafel.*

Outra, ao escutar a amiga falar de suas origens, não hesitou em mostrar com orgulho o seu lado europeu do Sul da Itália e fazer um comentário desagradável sobre os argentinos do nordeste.

— *Yo soy italiana. Toda mi familia viene de Nápoles, sur de Italia, ¿conoces? En mi casa, nosotros nos reunimos todos los domingos para comer pasta. Para mi abuela, domingo es un día santo. ¡Mira! ¿Qué le va a hacer en aquel fin del mundo loco?*

Após escutar esses comentários, pensei, pensei e repensei... Bom, assim são! E o que fazer? Discordar ou aceitar tamanha ignorância? Enfim, engoli toda aquela ignorância com um trago de Quilmes. Contudo, não queria perder um minuto da festa para tirar minhas próprias conclusões. Ao chegar à casa, Fernando fala-me:

— *¿Viste como son? ¡Esto por que dicen que son europeos, imaginas se no fuera!*

Sim, o Fernando tinha razão. Os argentinos da geração perdida falam do passado de seus ancestrais ainda com orgulho, mesmo sem ter noção do que dizem. Eles falam de Nápoles, Calábria ou Galícia como se tivessem mais valia que Buenos Aires, Rosário ou Córdoba. Para os argentinos, ser descendente de outras nacionalidades, mesmo que já extintas pela história — como é o caso da sírio-libanesa e da sírio-palestina, a qual os romanos se referiam à parte sul da província romana da Síria —, pode soar como status. Eles relegam a nacionalidade argentina ao segundo plano. Como se diz na Suíça: "vive o passado, pintado com as cores do presente".

Por eu já conhecer Buenos Aires e ter marcado a minha viagem para o nordeste da Argentina, não queria perder tempo. Entretanto, há algo na capital Argentina a não se deixar de fazer: andar pela Recoleta observando os dançarinos de tango se apresentarem em plena praça pública. Outro programa que eu adorava, era tomar uma Quilmes em um bar no Shopping Palermo, ouvindo uma boa discussão entre os torcedores fanáticos do River Plate e do Boca Juniors. Aqueles torcedores que, nem de longe, conseguem o ingresso para entrar na Bomboneira. Falar em futebol, olhe o que me aconteceu.

Resolvi viajar a Corrientes em um sábado, de ônibus, justamente no dia em que estava jogando Boca contra River. A tensão dentro do ônibus era coisa de louco. Em todas as paradas obrigatórias onde o coletivo deveria fazer uma pequena pausa de, no máximo, 15 minutos, demorava 30. O fato era que muitos passageiros se esqueciam do tempo ao ver o seu time em campo(nas televisões), ou seja, uma viagem cuja duração deveria ser de 8h, demorou 12h, porém, por ser América do Sul, isso é normal. O que não foi normal foi um garoto que vinha sentado à minha frente, o qual, em vez de 15 minutos permitidos pelo motorista, ficou mais de 30 minutos. O ônibus precisou sair, mesmo faltando um passageiro. Os demais, com exceção do cobrador, notaram que o garoto havia ficado em uma estação. Ao perceber a falta dele, parou o ônibus e avisou por um rádio sobre esse fato. Por esse motivo, precisaríamos esperar o garoto tomar um táxi e vir ao nosso encontro, atrasando, assim, a nossa viagem.

Após todo esse transtorno, cerrados e muitas vacas, enfim, Corrientes à vista. Como toda cidade argentina, Corrientes possui um estilo típico espanhol, a saber, quadrangular. Ela baseia-se em medidas de quadras, possui grandes praças, como a Plaza de Mayo e a Cabral, onde se concentram desde a Catedral, o Palácio do Governo, o Fórum, os Correios, a um Colégio Católico e alguns casarões estilo colonial, símbolo do poder espanhol do século XIX, além de uma grande classe média com um alto nível intelectual e educacional. Após algumas semanas nessa cidade, convivendo direto com famílias corrientinas, consigo, finalmente, chegar à conclusão de que a tese da espanhola se referia apenas aos *porteños*. A soberba e a ignorância, como eu havia descrito no início do texto, acredito ser privilégio (característica) de grandes cidades como Buenos Aires e Rosário.

Em Corrientes, o calor é um tanto estranho a qualquer pessoa, mesmo aquelas nascidas e crescidas em países tropicais. A sensação térmica é algo sentido apenas no Sub-Saara, ou seja, na região do norte da África. Nessa cidade, ainda se mantém a cultura da *Siesta*, fazendo com que o comércio abra suas portas às 8h e feche às 12h, só vindo a reabri-las às 17h e fechando-as novamente às 21h. Mesmo no período noturno, o clima chega a atingir 30ºC, impedindo uma respiração normal. Todo esse transtorno climático não faz dos corrientinos um povo fechado. Ao contrário, são altamente abertos ao diálogo, alegres e carismáticos. No período mais quente do dia, eles refugiam-se em casas de amigos que possuem piscinas e fazem rodadas de tereré.

O final de semana em Corrientes já começa na quinta-feira, às 22h. Casas de shows, como Metal, Zazueria, Planeta EQ e Equinoccio e os bares Greenland, Margarita e Picasso abrem suas portas para receber jovens tanto de Corrientes como de cidades vizinhas — como é o caso de Chaco —, localizado no outro lado da ponte General Belgrano, a dois quilômetros de distância. As badalações noturnas só terminam mesmo às 7h da manhã.

E quem achar que Corrientes dorme, está enganado. Às 8h, os jovens corrientinos já começam a se reunir para saber onde poderá ser feito um *Asado* regado com uma boa cerveja e um bom bate-papo.

Quem pensa que a terra de *los hermanos* é resumida tão somente a Buenos Aires ou Rosário, as duas grandes cidades da Argentina, engana-se. Corrientes, além de ser uma cidade encantadora, possui, em seus arredores, campos repletos de vacas, com vegetações próprias e uma vida saudável de meter inveja a qualquer citadino. Nessa região, também se pode ver o típico gaúcho, de calça preta, folgada na altura das coxas e apertada na panturrilha, cintura por um cinto largo e colorido, com um chapéu de vaqueiro e saco nas costas, no qual carrega seus pertences. Para os brasileiros que têm uma visão distorcida dos argentinos, a dica é: explorar mais as regiões Sul e Norte do país, para se dar conta do quanto somos *hermanos*.

1.5 CHILE: PASSAGEIROS DO VOO 3347

Capital: Santiago
Língua oficial: Espanhol
Governo: República Presidencialista
População: 16.598.074
Moeda: Peso Chileno

— *Pasajeros de la compañia Lan Chile con destino a Santiago embarcar por el portón número 12. Pasajeros de vuelo 3347 con destino a Santiago de Chile embarque por el portón 12. Última llamada para los pasajeros del vuelo 3347 con destino a Santiago de Chile, embarque inmediato portón 12.*

Essas informações foram pronunciadas quando eu ainda caminhava no *finger* em direção à aeronave. Para quem tem horas de voo internacional, sabe muito bem que não há nada melhor do que voar com cadeiras vazias ao seu lado. Pena que, no meu caso, estas foram, automaticamente, ocupadas por uma grande família multicultural, a qual já entrou no avião fazendo um grande alarde. Pai e irmão chilenos, mãe uruguaia, filhos argentinos, tio paraguaio e um futuro amigo brasileiro. A máfia quase mercosurdiana estava completa. Após alguns minutos de voo, eis a pergunta:

— *¿Dé dónde venís vos?*

— *De Brasil.*

— *¡Ah! ¡Qué bueno un brasuca en el vuelo. ¿Y a dónde vas?*

— *No lo sé todavía, pero voy a algún lugar en Santiago.*

—*¡Santiago! Y porque no Viña Del Mar. Nosotros tenemos casa allá. Si quieres puedes ir con nosotros. Mira, tenemos también casa en Valparaíso, así vos no te quedas solo y no necesitas pagar alquiler.*

Bem, a proposta não era tão mal assim. Por isso, respondi que iria pensar e, ao chegarmos a Santiago, eu dar-lhe-ia uma resposta. Alguns minutos depois, começou o serviço de bordo. Bebidas para lá, comidas para cá e mais uma pergunta. Richard, por estar sentado atrás da minha poltrona, toca em meu ombro e pergunta:

— *¿Brasuca, fumas algo?*

A pergunta foi acompanhada por um gesto de quem fuma maconha. Eu respondo-lhe:

— *Sí, pero no mucho.*

Maurício, seu irmão, escuta a resposta e me diz:

— *¡No te preocupes, nosotros fumamos socialmente!*

Chegamos a Santiago e disse que iria com eles. Retirei a minha mochila da esteira e fiquei à espera da família. Após alguns minutos, eles notaram a não chegada de duas malas. Por conta disso, saímos ao balcão da Lan Chile para fazer a reclamação. Nesse momento, percebi que, além de eles serem marinheiros de primeira viagem, eram semianalfabetos, pois não sabiam preencher o requerimento de bagagem. Bom, após algumas explicações, as malas deveriam seguir, no outro dia, para sua residência. Tomamos um táxi e, após horas de viagem, chegamos a Valparaíso, uma cidade portuária. A casa era típica da região e ficava em uma rua alta, de onde se podia ver todo o porto. Na casa, as gerações misturavam-se. Eram avós, tios, primos, mulheres dos primos, amigos da família e mais alguns animais que animavam o recinto. Família típica latina. Apesar de tudo, não era de se esperar a quantidade de carrapatos que vínhamos enfrentando e a grande quantidade de droga e álcool ingeridos pelos integrantes da casa. Nós ocupamos o andar superior da casa e eu precisei dividir o quarto com Maurício e o filho mais velho do Richard. Maristela e o Richard dormiam em outro quarto com o filho mais novo e o tio dormia com a sobrinha.

Nessa mesma casa, passamos o final do ano de 1992. Por sinal, um dos mais lindos! Isso porque a explosão dos fogos de artifício deixava a cidade toda resplandecente. Após dois dias nessa casa, começam as reclamações, pois às crianças e aos adultos era impossível dormir devido à quantidade de carrapatos a nos morder toda a noite. Resolvemos mudar de casa e de cidade. Então, fomos para Viña del Mar, localizada a dois quilômetros dali. Cidade estilo zona sul. Praia linda e limpa, a qual só faltavam os coqueiros e os corpos bronzeados das garotas de Ipanema, para dar uma aparência de Rio de Janeiro. Tudo era perfeito, no entanto, o que me chamava a atenção era a arquitetura dos edifícios, feitos nas encostas dos morros, num estilo escada. A impressão era de que os elevadores subiam deitados. Ficamos no primeiro andar de um apartamento de frente para o mar. Sentia-me superprivilegiado por ter toda aquela beleza aos meus pés.

Como de costume, acordávamos cedo e, após o café da manhã, as tarefas da casa eram divididas entre dois dos integrantes. Nesse dia, a limpeza foi destinada a mim, enquanto Maurício fazia o almoço. Eu sempre tive o costume de limpar primeiro os quartos, depois a sala e, por último, cozinha e banheiro. Pude ainda, nesse mesmo dia, trocar a ordem da limpeza, vindo a começar pelo banheiro, passando pela sala e finalizando nos quartos, por conta de a cozinha estar ocupada por Maurício. Quando comecei a limpeza no quarto do Richard, eis a surpresa: toquei com o cabo da vassoura em uma mala que estava embaixo da cama. Quando me abaixei para ver, ela estava aberta e se podiam ver muitos, muitos dólares. Fiquei chocado com o que vi, porém, o choque mesmo só aconteceu no momento flagrante pelo Richard a me olhar, vindo a pedir-me para fechar a mala e continuar a limpeza.

O clima na casa havia mudado muito nos últimos dias, o consumo de cocaína era demasiado por todos os integrantes da residência. Maristela chorava a todo instante, o tio já não brincava com as crianças, o Maurício já não se comportava como antes e, qualquer pergunta, era motivo de agressão verbal. O Richard trocava de carro todos os dias, um dia era um Pajero, no outro um Mazda. Carros que, para mim, até o momento, eram desconhecidos. Nesse mesmo dia, preferi ficar em casa para refletir, pois não queria acompanhá-los. Após o almoço, quis tirar uma *siesta* na rede que estava no balcão. Por volta das 16h, escutei três homens armados com rolos de madeiras na mão começarem a gritar:

— *¡Richard, hijo de puta, yo te voy a matar. Piensas que no sabemos que ustedes están aquí. Nosotros vamos a volver!*

Escutei tudo aquilo e esperei o Maurício voltar para eu fazer o comentário. Na mesma noite, contei-lhe o que eu vi e ouvi. Ele mostrou-se muito preocupado, porém, disse-me para não me preocupar, porque tudo não passava de uma brincadeira dos amigos do Richard. Passados dois dias, Maurício contou-me a verdade.

— *Cláudio, nosotros salteamos un banco en Buenos Aires y, en este robo, mataron a mi hermano más chico. Nosotros ya robamos hace muchos años. Pero no te preocupes, pues con vos no pasa nada.*

A minha maior preocupação era não poder sair do Chile. E, assim, caí na besteira de entregar o meu passaporte para o Richard guardá-lo em um cofre no seu quarto. Depois de saber da notícia, falei para ele que sairia do Chile e precisaria do meu passaporte. Sem hesitar, ele falou-me não haver nenhum problema e, se eu quisesse, poderia voltar com eles para Buenos Aires. Porém, meu maior medo era ser pego pela polícia e enquadrado como integrante de uma quadrilha internacional. Quem poderia acreditar que eu havia conhecido toda essa turma em um voo? Eu precisava sair o mais rápido possível do país. E melhor, sem magoá-los, pois, comigo, todos se comportaram como verdadeiros amigos.

No dia seguinte, não tendo passagem marcada para o Peru, meu próximo destino — e apenas de bilhete na mão — era sair com o Richard para saber o horário do coletivo, o qual me levaria a Santiago. A melhor possibilidade encontrada foi tomar, junto aos turistas hospedados em um hotel do centro de Viña, um ônibus até a capital chilena. Richard, aproveitando a oportunidade para antecipar a sua volta a Buenos Aires, entrega em minhas mãos o seu passaporte, percebido por mim somente quando no aeroporto. Automaticamente, entrei em contato com o Maurício e lhe contei o ocorrido. Sem titubear, este me perguntou onde eu estava e pediu-me para dirigir-me até o balcão da Aerolíneas Argentinas, local de encontro de uma coluna ao lado esquerdo e um lixeiro não móvel.

Embaixo deste deveria deixar o passaporte, pois eles viriam buscá-lo no outro dia. Sem fazer mais perguntas, segui em direção ao balcão e encontro a coluna da qual realmente existia o lixeiro e constituiria o local do passaporte. Até hoje, várias perguntas rodeiam minha cabeça: como ele sabia haver justamente ali uma coluna? Por que Richard entregaria o seu passaporte em minhas mãos? Qual o motivo de eles me convidarem para sua casa, mesmo sabendo da possibilidade de eu vir a saber do acontecido em Buenos Aires? Hoje, cheguei à conclusão de que, caso a polícia viesse a investigar a sua casa, não encontraria um dos integrantes, nesse caso o Richard, podendo vir ele a fugir direto para o aeroporto onde já se encontrava o seu passaporte. Bem, há situações as quais precisamos viver para crer!

1.6 PERU: CLASSE MÉDIA DECADENTE

Capital: Lima
Língua oficial: Espanhol
Governo: República Presidencialista
População: 28.674.757
Moeda: Nuevo Sol

Quando ainda estudante no Brasil, conheci um peruano chamado José Antônio, o qual sempre me falava de suas peripécias em Lima, do verão em Mira Flores e San Isidro e algumas belas praias do Oceano Pacífico. Porém, nada me chamava a atenção nesse país a não ser as ruínas de Machu Picchu, paisagem vista somente em programas de televisão. Certo dia, encontrei-o cabisbaixo. Perguntei-lhe o que aconteceu e ele me respondeu em seu portunhol de quem estava há pouco tempo no Brasil:

— *Golpe de Estado en Perú. ¿No escuchaste? El hijo de una gran puta del Fujimori ha dado un Golpe de Estado en Perú y todavia no logro hablar con mi familia.*

Bom, fiquei preocupado por também haver marcado viagem para aquele país e não ter experiência de como me comportar diante de um fato político tão importante. Chego a Lima, ainda no verão, sem que nenhum dos amigos tenha ido me buscar, de certo com medo de algum ato terrorista, como bomba posta pelo Sendero Luminoso, na região do aeroporto. O tema era sempre o mesmo: golpe de Estado. Fujimori havia destituído o parlamento e agora era a sua vez de governar. Porém, o que isso representa para o povo? Qual a mudança no modo de vida da população? O que deveria mudar no meu comportamento como turista estando em um país que sofreu um golpe de Estado? Bom, para um pobre turista sul-americano, a mudança não representa muita coisa.

O que eu vi mesmo foi a preocupação da classe média alta. A mãe do José Antônio, uma executiva de alto escalão de uma companhia aérea internacional podia, a qualquer momento, perder o seu emprego — isso pelo fato de essa companhia deixar de voar para o Peru. Por outro lado, o pai do César Gonzales, outro peruano também conhecido no Brasil e que trabalhava para uma multinacional, também poderia vir a perder o trabalho caso Fujimori nacionalizasse a empresa. Chegando a Lima, fiquei na casa do César, centro de Mira Flores, próximo a uma *Lauca*, área indígena protegida pelo governo peruano. A casa era grandiosa — três andares —, na qual residia: César, sua irmã e eu. A limpeza da casa era dividida entre os três, o que já dava um trabalho enorme, bem como a feira da semana, sendo esta feita por mim. Após uma semana, perguntei ao César por que não pagar a uma garota para limpar a casa uma vez na semana, visto termos condições. A resposta foi inesperada:

— *Es muy peligroso poner una india a trabajar en tu casa. Ella puede ser una integrante del grupo Sendero Luminoso y en unos segundos puede explotar todo.*

Bom, pensei no caso. Na realidade, não era bem assim, pois a questão é a semelhança existente entre as classes médias sul-americanas. Elas mostram uma aparência de ricos quando, na verdade, não têm como sobreviver. A partir daí, comecei a observar a classe média peruana e o seu racismo em relação aos indígenas, fato a tornar parecida com a brasileira no tocante aos negros. Indígenas, nesse país, eram tratados como animais: viviam fora da área nobre e amontoados em periferias. Os que tentam sobreviver na cidade grande contam com o desprezo e a falta de respeito dos brancos e de alguns chineses há muitos anos lá instalados. Após uma semana na casa do César, mudei para a casa do Antônio, onde conheci muitos outros peruanos de classe média. A maioria deles estudava fora do país e se aglomerava em Lima durante as férias.

Uma noite decidimos ir a uma praia chamada Señorita, situada a alguns quilômetros de Lima. Como de praxe, todos reuniram seus dólares para comprar as passagens. A falta, no momento, foi conseguir um cambista para efetuar a troca do nosso dinheiro. Posso garantir: foi uma das piores experiências de minha vida em matéria de subumanidade. O motorista, um garoto rico, chamado Renzo N., o qual dirigia um Mazda, já havia alterado a placa do carro. A discussão dentro do veículo entre o César C. — cujo pai era vendedor de aparelho dentário nos Estados Unidos —, e o Renzo era para saber quem deveria roubar o indígena. A trama era a seguinte: como o câmbio era feito na rua, nós deveríamos nos aproximar do indígena e mostrar-lhe pela janela a quantidade de dólares tido em mãos. Em seguida, este se aproximaria do carro, também com uma quantidade de sol, para efetuar a troca. Nesse momento, um dos garotos tomaria o dinheiro do nativo enquanto Renzo puxaria o carro.

Antes de o fato ocorrer, pedi para o Renzo me deixar no próximo semáforo. Eu não compartilharia daquela falcatrua. No momento, percebi haver passado de amigo a inimigo. Entretanto, o importante era conseguir reverter aquela situação. Após uma noite de viagem, parando de bar em bar e pagando em dólar, finalmente, chegamos ao destino. O que não contávamos era com o pagamento de um pedágio aos indígenas no valor de 10 *sols* por carro, como condição para entrar na praia. Estes fechavam as ruas com cordas e nelas penduravam pedras na altura do para-brisa do carro. Caso o automóvel não parasse, o vidro seria quebrado pelas pedras. Não havia outra chance: desci e paguei o pedágio. Um dia naquela praia foi o suficiente para entender algo por mim já presumido: os nativos haviam controlado aquela praia por ser uma área turística, pois o movimento desta era intenso durante as férias. O senhor Javier, um indígena de 65 anos, nascido e criado na região, explicou-me que aquela atitude era uma forma de retaliação dos nativos por estarem sendo obrigados a deixar o centro e se concentrar em áreas mais inóspitas.

— *¡Usted no sabe el sufrimiento que es vivir en esta región! Cuando llega otoño, el viento es tremendo. Nosotro estamos obligados a tragar este polvo que llega de estas costaneras. Yo ya tuve hijos que murieron por problemas pulmonares.*

A nossa conversa foi interrompida por outro indígena que chegou cumprimentando o senhor Javier em quéchua, língua indígena falada na Bolívia, Peru e Equador. Sem entender, perguntei a esse senhor se eles poderiam falar espanhol. O velho, automaticamente, pediu-me desculpas e explicou que o seu amigo havia perguntado de onde eu era. Respondi-lhe ser brasileiro e estar de férias no Peru. O senhor que se apresentou como Augusto me perguntou se os indígenas brasileiros também tinham os mesmos problemas dos seus irmãos peruanos. Respondi sim, além disso, procurava enfatizar melhor a questão:

— *¡Señor Augusto, El problema de demarcación de tierras indígenas no es solamente un problema peruano es también norte y sur de américa!*

— *Bueno, como se veis, éramos los primeiros y ahora somos los últimos.*

Espero ter entendido o sentido da frase. Os indígenas foram os primeiros a povoar as Américas e agora são tratados como os últimos. Pelo menos, foi essa a lição que o senhor quis me passar.

Voltando a Lima, tivemos de fazer várias manobras para nos livrar das tocaias colocadas pelos nativos nas autoestradas. Chegando a Mira Flores, era como se os brancos tivessem chegado ao seu reduto, lugar onde os nativos já não comandavam e sim a malícia dos garotos de classe média. Um exemplo disso foi quando Renzo perguntou ao Caverito se este queria que o deixasse em casa. Ele respondeu sim, porém não poderia entrar pelo portão da frente pelo fato de, há alguns meses, estar devendo duas carteiras de cigarros ao indígena que trabalhava como ambulante no semáforo em frente à sua casa.

1.7 VENEZUELA: ROUBO EM PLENA FOLIA

Capital: Caracas
Língua oficial: Espanhol
Governo: Presidencialista
População: 27.483.200
Moeda: Bolivar Venezuelano

Eu ainda morava no Brasil quando fui a Caracas, a convite de minha família alemã para conhecermos juntos o carnaval da Venezuela. Posso dizer de antemão: foi um desastre total! Após horas de voo, com várias escalas e conexões em São Paulo, Brasília, Manaus, cheguei, finalmente, a Caracas, durante uma chuva que lembrava o Amazonas no mês de julho, enquanto a televisão venezuelana mostrava a previsão de tempo bom, com algumas pancadas de chuvas no final da tarde. Os venezuelanos diziam ser o mês de fevereiro, além de muito quente, um mês de muitas festas. Talvez o motivo pelo qual a minha família alemã resolveu viajar para lá.

O encontro no Aeroporto de Caracas foi de pura felicidade: beijos para lá, abraços para cá, enfim, seguimos para o hotel. O primeiro choque na recepção se deu quando um alemão de quase dois metros de altura, olhos azuis, loiro como uma espiga de milho — para não dizer vermelho como um pimentão —, apresenta-se como sendo meu pai. A afirmação do alemão foi logo posta à prova quando precisei entregar os passaportes para fazer o check-in. O recepcionista olha, espantosamente, meu passaporte verde enquanto os de meu pai e meu irmão eram vermelhos: o seu sobrenome Hebenbrock e o meu da Silva. Daí percebi que o garoto não tinha entendido nada. Os quartos são divididos e as chaves distribuídas.

— Por favor, não se atrasem. Nos encontraremos em meia hora para o almoço no restaurante do hotel — diz meu pai para mim e para meu irmão, Hary.

Após uma ducha, desci direto para o restaurante do hotel onde deveria esperar pelo meu irmão e perguntei a um garçom onde estaria a mesa da família Hebenbrock. O garçom, de estatura mediana, apontou com o dedo indicador e disse em um tom irônico:

La mesa de la familia Hebenbrock es aquella que esta allá el fondo. Pero lo que mi consta es de una familia alemana, ¿no?

O tom irônico e racista do garçom não me preocupava, até porque eu era brasileiro e, em matéria de racismo, o Brasil ganha de qualquer outro país já vivido ou visitado por mim. Meu anseio era comer e cair na gandaia com o meu pai e meu irmão. Bom, terminamos o almoço e, de mapa na mão, perguntamos na recepção onde seria o melhor lugar para vermos de perto o famoso carnaval venezuelano. Como de costume, o recepcionista indica sempre o lugar mais seguro e mais caro. Seguindo à risca as indicações do hotel, chegamos à Praça Venezuela, uma das mais famosas de Caracas e imponente pela beleza de sua fonte. Essa praça constitui um dos lugares mais transitados e concorridos, onde também já se acumulavam centenas de foliões e vendedores ambulantes. Meu pai, sentindo-se um verdadeiro folião venezuelano, encontra uma barraca e ali pediu a sua primeira cerveja para espantar o calor, que já chegava aproximadamente a 30ºC.

Nesse dia, muita gente se espremia para ver algumas troças passarem. Na realidade, para um brasileiro bastante conhecedor do carnaval baiano ou pernambucano, estava cônscio de nada de especial haver. Uma das atrações vistas foi um caminhão cheio de gente com roupas de palhaço, com uma pintura no rosto e algumas bolas festivas cheias d'água, as quais eram jogadas contra a multidão a se espremer nas calçadas ou embaixo dos toldos dos bares. Quando algumas bolas foram atiradas em nossa direção, abaixamo-nos para não sermos atingidos. Nesse exato momento, quando nos levantamos, meu pai percebeu que a sua carteira, com algum dinheiro e documentos, havia desaparecido. Tratou logo de chamar o dono do bar, a fim de lhe explicar a situação em um espanhol claro para qualquer latino perceber não estar lidando com ignorante. Porém, o caso foi parar mesmo na delegacia mais próxima. A queixa foi registrada e, após esse incidente, resolvemos voltar ao hotel.

Na piscina, conhecemos uma família de suecos com o mesmo problema. Eles, por não falarem espanhol, não se arriscaram a ir à delegacia prestar queixa, como fez meu pai. Eles falaram-nos haver sido durante a passagem das troças o momento, o quando levaram a bolsa da sua esposa, a qual continha os pertences pessoais. Diante dessa situação, meu pai se mostrou logo gentil em ajudá-los, dizendo-lhes que, se eles precisassem, faria a tradução. O casal agradeceu a gentileza de meu pai, contudo dispensou qualquer transtorno:

— Não se preocupem, Caracas é para nós um simples *pitstop*, pois, amanhã à noite, temos uma viagem marcada para a Ilha Margarita.

Depois de uma conversa rápida, ainda na piscina, procuramos organizar o resto da semana, porque eu deveria voltar ao Brasil e minha família seguiria à Alemanha. No outro dia, passado o trauma, preferimos ficar no hotel pela manhã e sairmos à tarde pela cidade com o fim de realizar algumas fotografias. Não era de se esperar a quantidade de favelas aglomeradas próximas ao centro e de carros americanos da década de 60 dando um ar meio cubano a Caracas. Por outro lado, qualquer garoto a se aproximar de meu pai para pedir um trocado logo era tido como suspeito. Meu irmão, para deixar meu pai mais chateado com a situação, fazia questão de mostrar as notícias dos jornais em exposição nas bancas.

— *Empresario portugués es secuestrado por taxista.*

— *Familia francesa es atacada por ladrones en plena plaza pública.*

Caracas é aquele tipo de cidade como São Paulo: ame-a ou deixe-a. Com relação a isso, ficarei com a segunda opção. Porém, nada tendo contra os venezuelanos.

1.8 URUGUAI: PAZ, AMOR E ALEGRIA

Capital: Montevidéu
Língua oficial: Espanhol
Governo: República Presidencialista
População: 3.399.237
Moeda: Peso Uruguaio

Uruguai é um tipo de país que poucas pessoas no mundo se interessam em conhecer. Na Europa, nos Estados Unidos e até mesmo no Brasil, ele é confundido com o Paraguai. Por esse motivo, tal país foi sempre tema de chacotas. Na Europa, quando se encontra um uruguaio, pergunta-se logo se ele é argentino — *porteño*, pelo modo de falar cantado e chiado. Nos Estados Unidos, pergunta-se: quanto vale para se tirar uma carteira de habilitação em Assunção, capital paraguaia? No Brasil, sabe-se apenas ser o país integrante do Mercosul, localizado geograficamente vizinho ao sul do referido país, e possuidor de uma das praias mais badaladas do mundo: Punta Del Este. Para muitos argentinos, Montevidéu, capital uruguaia, não passa de uma província de Buenos Aires. E o que pensam os uruguaios a respeito de seu próprio país? E os brasileiros que aproveitam o *boom* de sua economia para tirar férias por lá?

No verão de 2007, resolvi visitar um grupo de amigos no nordeste da Argentina — Corrientes. Aproveitando a oportunidade, saí conhecendo o Sul do Brasil e, posteriormente, o Uruguai. Após passar por toda essa parte, tomei um coletivo em direção a Montevidéu, capital uruguaia. A travessia da fronteira foi tranquila, pois precisamos simplesmente apresentar o passaporte, ou o bilhete de identidade, fazendo jus ao tão sonhado Mercosul. Já do lado uruguaio, nada mostrava estarmos em outro país, a não ser por alguns cartazes escritos em espanhol. Às 8h, cheguei a Montevidéu. Como todo mochileiro, procurei, automaticamente, fazer o câmbio da moeda, vindo a custar-me alguns neurônios para poder entender quantos pesos uruguaios valiam um euro. Feito o câmbio, tomei um coletivo até o albergue Red, no Centro, próximo da Plaza Libertad.

Durante esse percurso, alguns fatos chamaram a minha atenção. Primeiro: a quantidade de gente com mateiras — o mate argentino ou o conhecido chimarrão do Sul do Brasil. É impressionante a cultura do mate naquele país. Às 8h, os uruguaios espremem-se dentro dos coletivos, isso de forma a não derramar a sua bebida matinal, o mate. Segundo: a quantidade de ônibus velhos — já não vistos no Brasil há algumas décadas —, a circular pelo centro da cidade. Terceiro: a cordialidade e a educação do povo uruguaio.

Enfim, cheguei ao albergue onde se pagava $ 15 a diária. O quarto era dividido com um americano, um inglês e um francês que estavam no Uruguai pela segunda vez. Eles me diziam:

— Quem provar do mate uruguaio não deixa de voltar a Montevidéu.

Naquele mesmo dia, ao final da tarde, eles convidaram-me para ir a um bar situado na parte velha da cidade. O bar era especializado em vinho vermelho. Infelizmente, não pude aceitar o convite por não tomar essa espécie de vinho. Preferi dormir um pouco mais e conhecer sozinho o que a noite dessa cidade tinha para oferecer. Na saída do albergue, sob recomendações da recepção, eu não deveria ir para o lado da velha cidade:

— *Disculpe, pero nosotro tenemos la obligación de explicar a los residentes de nuestro hostal que la parte vieja de la ciudad a esta hora es peligrosa, principalmente se estas solo.*

Bom, felizmente, não cumpri as recomendações da garota e segui justamente para o lado não recomendado. Estando em frente ao Palácio do Governo, eis que se aproxima de mim um garoto com uma bicicleta e me oferece um trago de um cigarro de maconha. Respondi-lhe não ser fumante, mas gostaria de saber onde se podia tomar uma cerveja. Ele repete a mesma frase já escutada 10 minutos antes:

— *Disculpa loco, pero la parte vieja de la ciudad a esta hora es peligrosa para nosotro. Pero si quieres tomar una cerveza, podemos correr el riesgo; si no, podemos volver mañana.*

Espantava-me a forma cordial e amigável do garoto, pois parecia me conhecer há alguns anos. Confiei e perguntei:

— *¿Bueno, entonces dónde podemos tomar una cerveza a esta hora?*

Saímos caminhado pela cidade como se fôssemos velhos amigos e entramos em alguns bares. Quando me dei conta, já eram 2h da manhã e estávamos completamente embriagados. Mesmo assim, o garoto fez questão de acompanhar-me até o albergue onde eu estava hospedado. Bom, nesse momento, a nossa amizade já estava selada. Marcamos um encontro para o outro dia, às 11h, em frente ao albergue, para conhecermos a cidade velha.

Como um britânico, o garoto toca a campainha do albergue justo às 10h50. Cumprimentamo-nos e seguimos, conforme o combinado, em direção à parte velha da cidade. Ao conhecedor do Ponto Zero de Madri ou as Hamblas de Barcelona não havia muito a se ver senão o ar jovial de Montevidéu. Os jovens uruguaios se reúnem ali para tomar vinhos, cervejas, falar da política nacional do país e até comentar o novo filme em cartaz nos cinemas. Na minha estadia lá, o tema era a chegada do presidente americano, Jorge W. Bush, e a invasão do Iraque. Os moços estavam ali preparando uma passeata contra a política internacional norte-americana. Após um bom bate-papo sobre a relação Brasil, Uruguai e Mercosul, resolvemos nos encontrar com os meus amigos de quarto, os quais estavam exatamente no bar ao lado.

A conversa continuou no mesmo sentido, todavia agora incluindo a União Europeia. Todos os integrantes da mesa estavam apreensivos de como seria a recepção ao presidente dos EUA na capital uruguaia. Kewin sempre tentava mostrar o outro lado dos cidadãos norte-americanos, dizendo que nem todos pensavam de acordo com a política de seu país. Já o inglês dizia:

— Se eles não se defendessem, quem poderia defendê-los?

Entre os cinco integrantes da mesa, a minha visão era a mais conturbada. Primeiro, por eu estar no Uruguai como cidadão brasileiro e, segundo, por defender um ponto de vista franco-germânico contra a invasão do Iraque, sendo um cidadão alemão. Após o francês e o ítalo-uruguaio explanarem os seus pontos de vista, preferi voltar ao albergue, visto que, no dia seguinte, precisaria visitar a Universidade Federal do Uruguai, para ouvir o que os alunos e professores teriam a dizer sobre a cultura do mate.

No terceiro dia em Montevidéu, já andava com uma desenvoltura e segurança de um verdadeiro cidadão uruguaio. Esta é, pelo menos, a sensação sentida pelo turista nessa cidade. Ao chegar à universidade, foi incrível o que eu vi: a quantidade de mateiras nas bancas em salas de aula superava a de livros. Na verdade, as perguntas que eu formulei eram as seguintes:

— *¿De dónde viene la cultura del mate?*

— *¿Cómo se siente los uruguayos cuando son confundido con los argentinos?*

— *¿Qué piensan los uruguayos, quando los argentinos afirman que Uruguay es una provincia argentina?*

A primeira pergunta foi direcionada a uma professora espanhola, de Letras. Ela afirmou-me que a cultura do mate está relacionada à cultura galega, espanhóis instalados entre o Brasil, Argentina e Paraguai, ainda quando o Uruguai era colônia espanhola. Essa cultura engloba hoje os quatro países do Mercosul. A segunda foi respondida por um aluno do 6° semestre de Pedagogia. Ele deixou claro não se sentir ofendido, porque os sotaques são, na realidade, muito parecidos e a Argentina é, todavia, um país forte em relação ao Uruguai:

— Pior seria se fôssemos confundidos com os paraguaios!

Porém, não deixou de dizer que os uruguaios têm seu orgulho próprio, como toda nação soberana. A última pergunta foi respondida por uma estudante de Direito, a qual contestou veementemente a afirmação argentina:

— *¿Mira si en Argentina vos puedes ver una persona de mi color?*

— *¿Mira se en Argentina vos puedes ver una persona como mi amiga que está acá al lado?*

E apontava para uma índia sentada ao seu lado:

— *No, nosotros no podemos ser una provincia argentina. Son muy prepotentes los argentinos hacer tal afirmación. En este país no hay indios ni negros. Allá los mataron a todos. Allá son todos europeos.*

Agradeci o bate-papo e continuei me deliciando com a beleza dessa maravilhosa capital. Em cada esquina, uma surpresa: o vendedor de passagem na estação de ônibus — Tres Cruces — para Buenos Aires tinha como sobrenome *da Silva*. Por conta disso, perguntei-lhe se era brasileiro ou descendente, disse-me que não, mas afirmou existirem muitos *da Silva* no Uruguai. Bom, é esta a surpresa: "o preço das passagens para uruguaios, argentinos, uruguaios residentes na Argentina e argentinos residentes no Uruguai custava o mesmo preço, enquanto para brasileiros o preço sofria um aumento de quase 40% e para europeus e norte-americanos 50%". Enfim, a cordialidade e educação em qualquer lugar do mundo têm seu preço.

1.9 PARAGUAI: UM GENOCÍDIO INESQUECÍVEL

Capital: Assunção
Línguas oficiais: Espanhol e Guarani
Governo: República Presidencialista
População: 7.306.332
Moeda: Guarani

O brasileiro é um povo que sempre se orgulha de sua riqueza étnica, da grandeza de seu país territorialmente continental, da malemolência de seu idioma, de ser possuidor da floresta amazônica, isto sem contar suas festas típicas carnavalescas, religiosas, culturais e por ostentar o título do país do futebol. Foi a partir dessa junção que o brasileiro também recebeu o título de acolhedor, humano, alegre, amigo, companheiro e mantedor de uma *buena convivencia*. É uma pena que para alguns países essas características não passam de uma dissimulação. Assim pensam alguns paraguaios, com os quais tive contato em minha viagem ao país. Ainda em 2011, resolvi ir a um congresso de comunicação na cidade de Tucumã, no norte da Argentina. Como estudante de doutorado, pensei de que forma poderia viajar mais barato e aproveitar o tempo na América do Sul. Pego um voo saindo de *Frankfurt* a São Paulo e resolvo descer de ônibus até Tucumã, fazendo uma parada em Assunção para conhecer um pouco da história desse povo.

O transporte saía de São Paulo no início da noite, chegando à Ponte Internacional da Amizade pela manhã, de onde já se podia ver o movimento de diversos transeuntes com suas mochilas, bolsas e carros de duas rodas puxando cargas pesadas sem serem incomodados pelos policiais fronteiriços. Em algum momento, tivemos que descer para apresentar uma documentação e seguir viagem ao destino final. Alguns quilômetros dali, apresentava-se o *Terminal de Ómnibus de Asunción*. Quanto mais o meu ônibus se aproximava do Terminal Central, mais a pobreza crescia diante de meus olhos. Era como se o Terminal Central estivesse localizado dentro de uma comunidade indígena. De onde se podia ver crianças, mulheres e idosos famintos e miseráveis.

A cena não para por aí! Ao descer do ônibus e seguir para uma lanchonete, ainda dentro da estação central, pude perceber a quantidade de pedintes que se acumulavam em busca de angariar algo para o café da manhã ou talvez da primeira ou da última refeição do dia. Antes de seguir em busca de meu hostel, o qual eu havia prenotado ainda da Alemanha, resolvi comer ali mesmo, com a intenção de conhecer alguém que pudesse me explicar o motivo de tanta pobreza. Ainda no momento em que eu comia, resolvi observar o mapa para saber em que direção seguir. Sigo a um centro de informação, o qual me informa que para chegar em minha direção ao meu destino eu deveria tomar o ônibus de linha 34 (*Limpio – Asunción*) e que eu deveria descer em um local chamado *Villa Jardim*. Observo que esse bairro não tinha muito a ver com o que eu havia presenciado a alguns quilômetros atrás. Durante minha estadia em Assunção, muitas histórias me foram contadas, desde a colonização espanhola, o alto grau de racismo da população branca, remanescentes dos espanhóis, o controle do tráfico de drogas e armas pesadas nas comunidades carentes, o índice de morte infantil na comunidade indígena e o legado da Guerra Tríplice Aliança.

— Para você que não sabe, toda está pobreza que você acabou de descrever, ainda é resquício da benfeitoria de seu povo, juntamente aos argentinos e aos uruguaios. Você não sabe que foi contra nosso país que eles lutaram? Você nunca ouviu falar da Tríplice Aliança?

Juan M., um senhor de característica indígena e de meia idade, que trabalhava como vigilante do hostel onde eu estava hospedado, ia me contando a história de seu país com lágrimas nos olhos. Ele informava-me que em uma guerra, todos perdem, inclusive o vencedor. Juan M. informava-me que mesmo o Uruguai e a Argentina saindo com seus territórios consolidados, nos anos vindouros a guerra, não conseguiram eleger os seus candidatos a presidente. Já o Brasil, mesmo sendo um país tão grande, saiu da guerra desfalecido economicamente, pelo fato de a guerra acontecer em um território inóspito e precisar de uma grande logística.

— Já o Paraguai, não tenho mais o que contar. A realidade é isto o que você está vendo, extrema pobreza, corrupção, tráfico, desordem política. Mesmo a guerra tendo acontecido em meados do século XIX, ou seja, por volta de 1860, já não lembro bem. Ela continua viva e bem viva na memória e no imaginário de meus conterrâneos. Então, neste momento, é pedir demais para que esqueçamos a arrogância do brasileiro, a soberba do argentino e a submissão do uruguaio.

Após uma aula de história, humanismo e humildade é hora de seguir viagem. Volto ao *Terminal de Ómnibus de Asunción* para tomar meu coletivo em direção a Tucumã. A saída do Paraguai era pela fronteira de *Clorinda*, que fica aproximadamente a nove quilômetros de Assunção. Chego à fronteira quando ainda faltavam poucos minutos para a meia-noite. O ônibus permaneceu por alguns minutos parado, ainda em território paraguaio, como de costume para a revisão de documentos, porém o controle de mochilas e passaporte aconteceu mesmo do lado argentino. Como a maioria dos passageiros eram paraguaios que trabalhavam na construção civil na Argentina ou argentinos que iam comprar produtos no Paraguai, a sensação que eu tive era de que todos se conheciam. O controle mais rigoroso ficou por minha parte. O que fazia um brasileiro de nacionalidade alemã à meia-noite cruzando a fronteira em *Clorinda* de ônibus?

CAPÍTULO 2

AMÉRICA DO NORTE

2.1 ESTADOS UNIDOS DA AMÉRICA: SONHO REALIZADO

Capital: Washington
Língua oficial: Inglês Americano
Governo: República Presidencialista
População: 303.007.997
Moeda: Dólar Americano

Em 2005, foi a primeira vez que resolvi embarcar com um grupo de três estudantes de uma universidade alemã para uma das cidades mais cosmopolitas do mundo. A preparação começou seis meses antes: preços de estadias, qual companhia aérea voaria mais barato para o destino e, finalmente, quem precisaria de visto. Bom, fizemos uma pesquisa e chegamos à conclusão de que nenhum dos quatros integrantes do grupo precisaria de visto, por serem cidadãos europeus e não permanecerem mais de três meses em solo americano. De passagens, passaportes, dinheiro em mãos e mochilas nas costas, embarcamos em um avião de uma companhia americana em direção a Nova Iorque.

Ainda no Aeroporto de Hamburg, na Alemanha, a expectativa era a de quem passaria os melhores três meses do verão novaiorquino. Após 1h15 de voo, chegamos a Frankfurt, de onde deveríamos tomar o voo internacional. Feito o despache das bagagens, chega a hora do *Boarding Control*. Ainda em solo germânico, começa uma série de perguntas que, para nós, não fazia o menor sentido. Ei-las:

— Quanto tempo a senhora pretende ficar em Nova Iorque?

— A senhora tem pretensão de conhecer outra cidade nos Estados Unidos?

— A senhora tem trabalho fixo na Alemanha?

— A senhora poderia provar com algum contrato de trabalho?

— Há quanto tempo a senhora reside na Alemanha?

— Eu poderia ver a sua passagem de volta e a sua reserva de hotel?

— Quanto em dinheiro a senhora está levando consigo?

O mais interessante de tudo isso é que essas perguntas foram feitas a uma pessoa simples: uma alemã de origem espanhola. De início, ela preferiu responder sem se preocupar com a tamanha ignorância da funcionária americana, porém a oitava pergunta foi respondida com outra pergunta e as restantes foram interrompidas com a resposta dela:

— E há quanto tempo a senhora trabalha em meu país?

— A senhora poderia me mostrar o seu contrato de trabalho?

— Se a senhora fosse mais inteligente, poderia ter percebido que tenho assento livre, ou seja, não tenho sotaques e, em último caso, teria crescido neste país. E, por último, em meu passaporte está registrado o meu local de nascimento.

— Posso embarcar ou não?

Por medo ou respeito, a cidadã americana vira-se, todavia, com um ar de prepotência, deseja-nos uma boa viagem e um maravilhoso verão em Nova Iorque. Passadas as 8h de voo, desembarcamos no Aeroporto JFK, onde pensávamos que, depois de ter passado por todo aquele transtorno em Frankfurt, seríamos mais bem tratados em solo americano. Enganamo-nos! O problema não só recaiu sobre a alemã de origem espanhola como também sobre todos os integrantes do grupo. Um fato a chamar a atenção da polícia federal de fronteira norte-americana foi o de todos nós termos passaportes alemães sendo apenas dois dos integrantes nascidos na Alemanha e ainda filhos de estrangeiros e os outros dois nacionalizados. Ou seja, nenhum correspondia às características germânicas conhecidas pelos americanos. Além do mais, éramos dois estudantes da universidade de Hamburg e dois da universidade de Harburg: universidades alemãs conhecidas nos Estados Unidos pelo fato de lá terem saído os supostos terroristas do atentado de 11 de setembro de 2001.

As perguntas foram as mesmas feitas ainda em território alemão. Após um ping-pong de perguntas e respostas, a alemã de origem espanhola resolve responder a uma das perguntas em espanhol, por presumir que a policial de fronteira seria originária da República Dominicana. Esta reagiu de uma forma abrupta, lembrando-lhe de estarem ambas em solo americano e, portanto, a língua oficial do país era o inglês.

O maior interesse da polícia era saber o motivo da nossa viagem. Explicamos sermos estudantes alemães e estarmos nos Estados Unidos em férias. Depois disso, saímos dali direto para o albergue, o qual já havíamos reservado há meses. O *Central Park Hostel*, como o próprio nome já diz, localiza-se na *103rs Street*, lado ocidental de Manhattan, atrás do Central Park. Nosso desejo, de fato, era apenas a diversão, ver culturas diversas, encontrar amigos, estudantes e visitar alguns museus, como o da mídia e o do mundo impresso. E, se possível, o museu da imprensa de Shakespeare, que reúne o maior e mais diversificado espólio de jornais do mundo.

O primeiro mês passou voando! Na realidade, Nova Iorque é aquele tipo de cidade que, para se conhecer bem, é preciso realmente morar. Uma dica para os viajantes é a existência de duas cidades no mundo, as quais não podem deixar de serem visitadas: uma é Londres e a outra é Nova Iorque. Bem próximo ao albergue onde estávamos hospedados, existia um bar inglês chamado *Pentoville* — fique bem atento a esse nome. Este, às 17h, já estava cheio de ingleses, irlandeses, australianos, sul-africanos e, em sua maioria, americanos. Resolvemos dar uma espiadela e, ao entrar, fomos direto ao balcão. Como de costume, pedimos uma *pen*. O nosso grupo, por ser multicultural e falar uma língua estranha para os anglos, foi motivo de aproximação. Sem hesitar, perguntaram de onde éramos. Com todo orgulho — e sem receio —, respondemos: da Alemanha!

— *Germans! Germans! From Germany!*

Todos perguntam surpresos:

— *Are you not Afraid?*

Bom, já sabíamos que, a partir daquele momento, a conversa iria girar em torno da 2ª Guerra Mundial: Hitler, a ajuda humanitária americana aos alemães contra os nazistas. Caso encontrássemos um americano mais inteligente, falaríamos sobre o Plano Marshal — aquele que, após a 2ª Guerra Mundial, reconstruiu a Alemanha. Também não podíamos reclamar, pois era, de certa forma, previsível por esta mistura anglo, visto termos entrado nesse bar. Se quiséssemos um clima mais ameno ou familiar, teríamos buscado um bar latino, podendo ser o mesmo encontrado em qualquer esquina dessa cidade. Para falar a verdade, o tema sugerido à mesa não me agradou: Alemanha e França negam ajuda aos americanos na invasão ao Iraque.

Após meia hora de discussão, preferi me retirar e ir novamente ao balcão pedir mais uma *pen*. A garota que me atendeu tinha uma aparência meio boliviana, meio peruana, enfim, dessa parte da América Latina. Porém, não esquecendo o caso da fronteira com a minha amiga alemã, decidi falar-lhe em inglês — até porque estávamos em solo americano. Pedi-lhe uma cerveja e, automaticamente, perguntei sua origem. A garota olhou-me com um ar meigo e disse-me ser americana, porém de família originária de um país muito pequeno localizado no sudeste asiático, chamado Laos.

— *Do you know where it is?*

— *Yes, I know.*

Respondi que sim e que já havia estado na Tailândia, Laos, Vietnã e Camboja.

— *Yes, the Germans people are notorious for his journeys.*

Agradeci a gentileza e me retirei, pois, no outro dia, deixaríamos o albergue pelo fato de havermos encontrado um mais barato: o *Chelsea International Hostel*, localizado na *20th Street* próximo à *8th Street*. A mudança havia-nos trazido várias vantagens. Primeiro, de lá podíamos tomar apenas um ônibus até *Battery Park*, de onde tomaríamos o *ferry boat* até a *Ellis Island* para fazer a conexão com a *Liberty State Park*. A outra vantagem era podermos ficar mais próximos do *Holland Tunel*, o qual nos levaria até *New Jersey*.

Conheci bares, discotecas, museus, cinemas, galerias de artes e, principalmente, parques, em uma das cidades mais importantes e influentes do mundo e, além de tudo, tive o meu sonho realizado. Nova Iorque tornou-se, para mim, um ponto no mundo para o qual sempre voltarei, seja por seu lado irreverente de vida, seja pelo alto acúmulo de cultura. Porém, também quero deixar claro que entre os Estados Unidos e a Europa há uma grande diferença. E é essa diferença que me faz ser mais europeu.

CAPÍTULO 3

EUROPA

3.1 BÉLGICA: UMA AULA DE CULTURA (CHOQUE CULTURAL)

Capital: Bruxelas
Línguas oficiais: Neerlandês: 60%; Francês: 31%; e Alemão: 1%
Governo: Monarquia Constitucional; Rei; Primeiro-Ministro
População: 10.419.000
Moeda: Euro

Bruxelas, capital da Bélgica, representou, para muitos brasileiros, em meados da década de 90, a principal porta de entrada da Europa. A grande quantidade de voos diretos feitos por uma falida empresa aérea fez com que muitos nordestinos se desviassem das principais e saturadas rotas europeias, como Lisboa e Milão. Em 1995, resolvi visitar o senhor Raphael S., um grande amigo de minha família alemã e residente em Bruxelas. Nós já havíamos nos conhecidos no Recife dois anos antes, porém os contatos permaneceram e, com eles, os convites para conhecer, futuramente, a tão sonhada capital da União Europeia, bem como sua multiculturalidade. Antes de embarcar em um voo da Vasp, com destino a Bruxelas, procurei fazer uma pesquisa básica sobre o país, vindo, pois, a prender-me mais aos aspectos linguísticos e culturais.

Raphael S. era um funcionário do alto escalão do Poder Judiciário, morava em um apartamento no centro de Bruxelas, enquanto sua mulher, apresentada no Brasil como esposa, morava em outro apartamento, mas já um pouco afastado do centro. Ela era espanhola imigrante e já morava na Bélgica há 35 anos. Não me ficou muito clara essa divisão corporal. Como poderiam ser casados e não morarem juntos? A resposta só veio após algumas semanas. O caso é que ele ainda era casado e, perante a lei belga, por ser cidadão dessa nação, não podiam ser vistos juntos a partir das 18h na mesma casa, pois perante a justiça ainda não se constava um divórcio de fato. Melhor ficou para mim! Já que, a partir desse horário, eu não precisaria dividir aquele poço de sabedoria com ninguém.

A nossa primeira conversa foi sobre o Neerlandês, idioma falado por 60% da população belga, visto que grande era a minha curiosidade para saber de onde provinha essa língua, assim como se era falado em outros países. Raphael, com todo o seu dom catedrático, explicou-me ser a língua neerlandesa indo-europeia — ou seja, do ramo ocidental da família germânica —, contudo incorretamente denominada língua holandesa. Tal idioma é, atualmente, falado por cerca de 25 milhões de pessoas nos Países Baixos, nordeste da Bélgica e em sua capital — Bruxelas — nordeste da França, Suriname, Antilhas neerlandesas, em Aruba e certos grupos na Indonésia.

O que mais me chamava a atenção na Bélgica, além das línguas oficiais, era a quantidade de dialetos africanos ouvidos nas ruas, devido ao grande número de estrangeiros provenientes do norte da África e ex-colônia como o Congo, ex-Zeire. Certa manhã, após o café, saímos em destino ao mercado livre, onde os seus dois filhos tinham um banco de vendas de especiarias da Índia. Era este semelhante a bazares árabes ou mercados africanos, onde de tudo se vende e de tudo se compra. Percebi, em um banco localizado por trás de um negociante argelino, uma senhora de idade entre 80 e 90 anos, cuja mão direita havia sido amputada. Após caminhar entre especiarias e roupas africanas e árabes, descobri outro senhor, de idade próxima à da senhora referida, também destituído da mão direita. A pergunta foi taxativa:

— Raphael, qual é o motivo de essas pessoas não terem a mão direita?

Ele, automaticamente, perguntou-me se eu já havia lido algo sobre a história do desenvolvimento capitalista da Bélgica, isto em relação ao contexto internacional do século XIX, precisamente sobre a colonização do Zaire, atual Congo. Explicou-me haver sido naquela época em que o território africano fora dividido entre as potências europeias e foi outorgado ao monarca belga como patrimônio pessoal um extenso território: o Estado Livre do Congo. Naquele momento, percebi a associação entre a falta das mãos e a escravatura.

— Cláudio, para chegarmos ao que somos, refiro-me à riqueza da Bélgica, muitos africanos precisaram perder as suas mãos. Ou seja, conta a história, que o Rei Leopoldo II, da Bélgica, obrigava cada cidadão da colônia a entregar-lhe certa quantia de ouro por dia e, caso o colonizado não conseguisse, o pagamento seria a perda da mão direita, havendo uma reincidência, ele perderia a mão esquerda. E todas essas atrocidades eram cometidas contra os africanos ante o protesto da opinião pública mundial. Infelizmente, algumas dessas pessoas ainda hoje estão vivas.

O tema tornou-se mais polêmico quando lhe perguntei a opinião acerca da imigração norte-africana na Bélgica, pois, se alguém tinha o direito à permanência, esses seriam os congoleses.

— Esse é o mesmo problema atravessado hoje pela Alemanha concernente aos turcos. A França com os argelinos, a Inglaterra com os paquistaneses e os Estados Unidos da América com os latinos. Ao precisarmos de ajuda, após a 2ª Guerra Mundial, os norte-africanos não hesitaram em vir. Estes nos deram assistência na reconstrução do nosso país. O problema na Bélgica é, ultimamente, a terceira geração, que, além de não se integrar, é mais fanática que a primeira.

Raphael S. ainda me falou acerca do domínio espanhol, séculos XIV e XV, sobre a Bélgica, ao dizer que o esplendor de seu país só aconteceu sob o controle dos Duques de Borgonha. A Bélgica só caiu definitivamente nas mãos da Espanha em 1506, quando Carlos, o neto de um arquiduque alemão, herdou os Países Baixos e subiu ao trono com o título Carlos I. Ainda explicou que a separação, na época, deu-se devido à grande diferença religiosa entre os dois países, ou seja, a Espanha Católica e a Bélgica Calvinista, juntando a isso a enorme decadência econômica da Flandres Espanhola.

Como já estávamos falando de conquistas e invasões, algo a não poder faltar no momento era se falar sobre a invasão alemã no período da 2ª Guerra Mundial. Raphael S. esclareceu ser este um tema muito delicado, posto ser muito recente e as feridas ainda estarem abertas. Na Bélgica, não há mais resquícios aparentes da guerra, porém ainda é notória uma rejeição quando se pergunta a um belga se ele fala alemão. A invasão da Bélgica aconteceu pela segunda vez em maio de 1940 e se consolidou, plenamente, em 1944. Apesar de alguns dias de resistência e ajuda das forças aliadas francesa e britânica, a superioridade alemã conseguiu vencê-las, causando, assim, a fuga de Leopoldo III à França. Com a invasão desta, o rei exilou-se em Londres, onde permaneceu até o final da guerra.

O bom disso tudo eram as nossas conversas, regadas com cervejas belgas e em vários festivais de verão oferecidos na capital. Os mais conhecidos são: *Werchter, Sfinks, Dour* e *Pukkelpop*. O Raphael S., por saber da minha grande admiração pela Alemanha, não perdia a oportunidade de me mostrar que em seu país o nome cerveja também se escrevia com letra maiúscula, ou seja, era muito apreciada por lá. São mais de 1.500 tipos diferentes de cervejas, porém a mais conhecida é a *Trapist*, existente só na Bélgica e fabricada por monges. Ao tomá-la, notei haver, em quase todos os copos, um tipo diferente de cerveja.

3.2 GRÃO-DUCADO DO LUXEMBURGO: SEM RUMO, SEM DOCUMENTO

Capital: Luxemburgo
Línguas oficiais: Francês, Alemão e Luxemburguês
Governo: Monarquia Constitucional Parlamentarista
População: 478.571
Moeda: Euro

Bem-vindo à capital cultural da Europa. Em 1995, Luxemburgo foi considerada a capital cultural da Europa. Essa frase podia ser lida em lugares de grande fluxo de gente: estação ferroviária, universidades ou no aeroporto internacional. Ao comprar meu ticket de trem, confesso que, enquanto saía de Bruxelas a Luxemburgo, fiquei meio desnorteado pela falta de informação sobre o país. A única informação tida era que Luxemburgo possuía uma população de 40% de origem estrangeira e, dessa grande quantidade, 16% era composta de portugueses. De tal forma que a língua portuguesa é uma das cinco mais faladas no país, depois do francês, luxemburguês, alemão e inglês.

A viagem a Luxemburgo foi daquelas meio sem rumo, sem documento. Embarquei em um trem com alguns dólares e algumas moedas restantes do período de estadia na Bélgica, pedindo a Deus que alguma alma boa se sentasse ao meu lado e que a língua falada fosse comum. Deus ouviu meus pensamentos! Um jovem de aparência meio turca, meio norte-africana, sentou-se ao meu lado e me perguntou, num inglês meio quebrado, se eu estava indo a Luxemburgo:

— *You go Luxemburgo?*

A minha experiência fez-me, automaticamente, deduzir que o garoto era português. Mas lhe respondi também em um inglês quase imperceptível:

— *Yes, I go Luxemburgo.*

O garoto olhava-me com um ar de quem queria fazer mais uma pergunta, porém lhe faltava vocabulário para formular a mais simples frase. Mesmo assim, ele arriscou mais uma:

— *I don't Luxemburgo money. I have portuguese money. You can cambiare?*

Bem, entendi que o garoto não tinha dinheiro luxemburguês, e sim português. E ainda se era possível trocar logo que chegássemos a Luxemburgo. Quando ele falou a palavra *cambiare*, pensei ser ele italiano ou português. Respondi-lhe em português que, chegando a Luxemburgo, iríamos juntos procurar um local para efetuarmos o câmbio. A alegria estampada no rosto do garoto era ímpar. Era como se tivesse ganhado na loteria.

Ele não parou mais de falar! Começou dizendo seu nome, de onde vinha, para onde ia e qual o objetivo da sua viagem. Falou também que boa parte de sua família já morava em Luxemburgo há mais de 30 anos. Bom, disso eu já desconfiava! Era mais um imigrante que estava fugindo da crise portuguesa para se refugiar em países ricos. Não tive outra opção a não ser formalizar uma rápida amizade luso-brasileira. Feita a minha apresentação e esclarecendo o estado do Brasil de onde vinha e para onde pretendia ir, o garoto perguntou como eu poderia fazer turismo na Europa visto ser o Brasil um país tão pobre. Em seguida, mais algumas perguntas e respostas até que, finalmente, chegamos à estação ferroviária de Luxemburgo, onde boa parte da família estava a sua espera. Os cumprimentos foram rápidos, tanto que o tema de cambiar o seu dinheiro havia sido esquecido. Minha lembrança é de que ele se chamava Rogério e vinha de uma região de Portugal chamada Montijos.

Sem falar francês ou luxemburguês, a minha viagem precisaria continuar, pois eu não tinha tanto tempo para estar naquele país. Coloquei, mais uma vez, a mochila nas costas e perguntei a mim mesmo: direita ou esquerda? Para que lado seguir? Isso, porque, logo nas proximidades da estação ferroviária, havia o elemento mais belo em Luxemburgo: uma alameda em forma de parque, onde os casais apaixonados, os velhos solitários e as *babysits* de cachorros disputavam um lugar ao sol no verão. Uma forma de conhecer a capital do Grão-Ducado de Luxemburgo é fazer um passeio no trem miniatura, observando as ruínas e fortificações transformadas em parques charmosos com alamedas, particularmente atraentes na cidade baixa. As casas-matas são uma rede de 19 km de passagens subterrâneas talhadas em pedra.

Uma das vantagens de viajar em um país tão pequeno como Luxemburgo é a possibilidade de se fazer excursões da capital para qualquer parte do país em menos de duas horas. Uma das rotas mais conhecidas pelos turistas é a região das Ardenas ou o maravilhoso Vale dos Sete Castelos. Um exemplo disso é *Vianden*, datada do século IX. Seu castelo, berço das dinastias Orange-Nassau, uma das maiores fortalezas feudais nas Ardenas. De grande interesse é também a Igreja Gótica Trinitária e o convento de 1248. A casa onde Victor Hugo ficou durante parte de seu exílio da França é hoje um museu. Outra grande vantagem é conhecer gente e se tornar conhecido, principalmente se o mochileiro circular no meio universitário.

Como todo mochileiro que se preza, eu também sempre procurei os lugares mais baratos para comer e me hospedar. Uma grande oportunidade são as universidades onde os mochileiros podem encontrar desde avisos de aluguéis de quartos, comida barata e de boa qualidade, a empréstimos de sofás. No restaurante da *Université du Luxembourg*, encontrei Patrícia, uma estudante de São Paulo com a mesma intenção: encontrar um sofá para repousar apenas uma noite e depois seguir viagem. Patrícia contou-me que, após uma noite de festa na república dos estudantes daquela universidade, sua vida deu um giro de 190º. A estudante paulista começou abandonando o curso de Ciências Sociais, na USP, para se dedicar à História da Arte na *Université du Luxembourg*:

— Foi uma loucura! Isto pelo fato de eu não ter ainda domínio da Língua Francesa. Imagine a alemã ou luxemburguesa! Claro, no início, tive mesmo de me virar com o inglês. Eu também contei com ajuda de outros estudantes, principalmente os de origem portuguesa.

— Patrícia, como foi a sua aceitação na rua, visto que você não fala nenhuma língua oficial do país?

— Sempre tive boa experiência. Luxemburgo, mesmo estando localizado dentro da Europa, ainda é um país desconhecido. Imagine um luxemburguês! Quem já conheceu um luxemburguês em férias em algum lugar? Geralmente são confundidos com alemães, franceses ou belgas. Porém, muita gente esquece que o luxemburguês, em sua forma de ser, é bastante parecido com o suíço, ou seja, um povo muito aberto a tudo que for de fora. Essa sua abertura, a meu ver, dá-se por ser um país de três idiomas oficiais, sendo o inglês a segunda língua, além de conseguir reunir dentro de suas fronteiras três culturas completamente diversas. Porém, como forma de respeito ao povo luxemburguês, foi meu dever, logicamente, estudar pelo menos uma língua oficial desse país.

— Que tipo de conselho você daria a um mochileiro desejoso para conhecer Luxemburgo?

— Luxemburgo, na sua origem, não é um país turístico, principalmente por estar localizado entre três grandes nações turísticas: França, Alemanha e Bélgica. Porém, ele pode ser usado como um pit stop. Nessa parada, é possível aos viajantes conhecer não só os parques luxemburgueses, considerados como os mais lindos do mundo, mas também um pouco da história do país por meio de castelos famosos, como o Castelo de Luxemburgo, datado da Idade Média. A partir dessa construção, foi registrada a história do Grão-Ducado de Luxemburgo.

3.3 HOLANDA: *FREEDOM* NOTA MIL

Capital: Amsterdã
Língua oficial: Neerlandês
Governo: Monarquia Constitucional; Rainha; Primeiro-Ministro
População: 16.570.613
Moeda: Euro

FREEDOM é a palavra de honra para muitos turistas em visita a Amsterdã. Essa palavra é levada à risca no seu significado mais amplo: LIBERDADE. Para os amsterdameses, os residentes estrangeiros e os turistas que superlotam as ruas dessa cidade, a LIBERDADE não deve ser simplesmente sentida, antes deve ser vivida e apreciada. Pelo menos, é a sensação sentida por qualquer pessoa que entra em Amsterdã pela primeira vez, mesmo sendo um jovem o qual vai fumar o seu primeiro *Join* no *Coffee Shop* da esquina. Ou ainda ter sua primeira noite de prazer com a garota de programa vista na vitrine ou o católico que vai dividir uma cadeira no ônibus com um judeu ortodoxo ou um fundamentalista muçulmano. A meu ver, após anos na Europa, indo e vindo a essa cidade, a pergunta é sempre a mesma: de onde advém tanta liberdade?

Para responder a essa pergunta, deve-se voltar ao século XVI, quando começou o conflito entre os Neerlandeses e Filipe II da Espanha, dando, assim, início ao período mais tolerante neerlandês. Esse combate durou 80 anos e terminou com a independência dos Países Baixos. Após a ruptura com a Espanha, a República Neerlandesa ganha fama por sua tolerância em relação às religiões. Nesse mesmo período, a Holanda já ia se enchendo de refugiados judeus, da Espanha e Portugal e de comerciantes franceses fugidos de seu país por motivos religiosos. De tal modo que, no período da 2ª Guerra Mundial, mais de 100 mil judeus foram deportados da Holanda pelos alemães para os campos de concentração. Desse número, apenas 5 mil sobreviveram. Atualmente, Amsterdã é a maior cidade dos Países Baixos, situada na província da Holanda do Norte, sendo uma das capitais mais multiculturais do mundo. Essa cidade é conhecida por seu porto histórico, seus museus de fama internacional, sua zona de meretrício, seus *Coffee Shops* liberais e seus inúmeros canais que levam Amsterdã a ser conhecida como a Veneza do Norte.

Toda essa Liberdade falada — a qual se sente e se vive em Amsterdã — foi posta à prova no início de novembro de 2004, com o assassinato do cineasta e crítico do fundamentalismo islâmico Theo Van Gogh. Um ano após o assassinato deste, foi possível observar uma calma superficial, mas a tensão com os imigrantes muçulmanos continua alarmante e latente. Como de costume, sempre após o Natal, eu procurava um país próximo à Alemanha para passar o final de ano, já que as férias da faculdade eram apenas de duas semanas. Em 2005, resolvi visitar, mais uma vez, Amsterdã, dessa vez de ônibus, o qual saía de Hamburgo, na Alemanha, até Paris, na França. O meio de transporte já era uma verdadeira Torre de Babel, por estar repleto de nacionalidades e línguas diversas. Até o destino, precisei passar ainda por mais um país: Bélgica. Durante a viagem, conheci o comerciante Levi B., um francês-judeu residente em Paris. Ele tinha vindo a Hamburgo para visitar sua família, habitante na cidade há mais de 100 anos. Falou-me da diáspora e perseguição de sua família tanto na 1ª como na 2ª Guerra Mundial. Aproveitei a ocasião para lhe perguntar qual era a posição dele em relação à afirmação do ministro Sarkozy, no que tange os franceses negros e os de origem norte-africana.

— Cláudio, de minha família, eu sou a quinta geração de judeus nascida em Paris. Na realidade, sou francês e não concordo com a posição do Sarkozy em relação aos meus compatriotas de cor negra e religião muçulmana. Primeiro, por ele ser também de origem estrangeira, precisamente judia. Segundo, por alimentar um ódio que, após setembro de 2001, ficou cada vez mais difícil de ser ignorado. Estamos cientes de que tanto árabes quanto judeus (franceses) têm o direito de viver na França, seja de cor negra ou branca, pois nossos descendentes ajudaram a construir e desenvolver aquele país. Aqueles negros dos quais o Sarkozy falou são tão franceses quanto a Torre Eiffel e eu.

A nossa conversa se tornou mais apimentada com a entrada de Samir A., um doutorando holandês, nascido em Roterdã, de origem tunisiana, trajando uma *Djelaba* — túnica clássica do mundo árabe. Ele estudava Ciências Islâmicas e falou justamente sobre a pressão vivida hoje pelos muçulmanos em Amsterdã:

— Os povos árabes e judeus sempre sofreram perseguições na Europa, isso é fato e pode ser constatado desde a Idade Média. Atualmente, com essa onda de Terrorismo a assolar o mundo ocidental, sai perdendo tanto árabes quanto cristãos, judeus e católicos, independentemente dos locais de nascimento. Eu não me refiro só às questões econômicas e políticas, pois estas ainda estão acima do conhecimento da população mais carente e à questão social vivida por todos os cidadãos a residir hoje em países os quais já sofreram ou não um ataque terrorista ou suicida. Após a exibição do filme Submission, de Van Gogh, em Amsterdã — e de sua respectiva morte por um muçulmano fundamentalista —, desencadeou uma onda de rejeição por parte dos holandeses a todo estrangeiro. Exemplos: uma família holandesa de origem árabe que mora em um prédio onde a maioria é cristã, já é vista de uma forma estranha; um europeu muçulmano trajando uma Djelaba, como no meu caso, já pode ser confundido com um fundamentalista. O mesmo ocorre se um judeu aparece na faculdade com uma Quipá na cabeça. Para muitos muçulmanos, já é motivo de agressão. Eu conheço algumas situações de amigos brasileiros e italianos de aparência árabe a serem barrados em discotecas e bares de Amsterdã. Na realidade, perdemos todos com essa tamanha ignorância, de não querermos conhecer o desconhecido.

Após horas de conversas com o francês-judeu e o holandês-muçulmano, chegamos, finalmente, a Amsterdã: a primeira e última parada do coletivo para mim e Samir, pois ele teria de seguir o seu rumo e, com ele, Levi, o francês-judeu. Feito o desembarque das bagagens, percebi que Samir possuía apenas uma mochila, então aproveitei a oportunidade para convidá-lo a tomar um café. Ele respondeu que preferia um chá e de preferência no café de seu primo, próximo ao local onde o cineasta foi assassinado. Saímos caminhando pelo centro de Amsterdã, a impressão era de que Samir não só era conhecido como também tinha a intenção de me fazer conhecido. Para todas as pessoas cumprimentadas por ele, comentários rápidos eram feitos sobre as origens delas. Finalmente, chegamos à rua *Linnaeusstraat* e entramos em um *Coffee Shop*. Lá, ele saudou o vendedor com dois beijos e me apresentou como um amigo alemão a conhecer Amsterdã. O vendedor traz-nos dois chás e um cigarro de haxixe já pronto para o consumo:

— *Aproveita, pois você está em um dos Coffee Shops mais frequentados de Amsterdã e em uma das esquinas mais famosas do mundo.*

Realmente, o vendedor tinha razão! O café era frequentado por gregos e troianos, ou seja, cristãos, judeus e muçulmanos e a esquina a qual ele se referia era a mesma em que foi morto Van Gogh, a *Linnaeusstraat* com a *Mauritskade*. Após o chá, um trago no haxixe e um bom papo, procurei andar sozinho em busca de um hostel, já que aquela área era muito parecida com o meu bairro em Hamburgo (Altona) ou Berlim (*Kreuzberg*). A área é muito frequentada por imigrantes, turistas e estudantes, em outras palavras, pessoas em busca da liberdade. Pena que, no caso de Van Gogh, o seu encontro foi com a morte.

3.4 FRANÇA: ONDE ANDA A *LIBERTÉ, EGALITÉ, FRATERNITÉ DE LA GRANDE NATION*?

Capital: Paris
Língua oficial: Francês
Governo: República Unitária; Presidente; Primeiro-Ministro
População: 64.473.140
Moeda: Euro

De acordo com os dados do Fundo Monetário Internacional (INTERNATIONAL MONETARY FUND, 2022), a França é a 7ª economia do mundo, junto da Alemanha, a grande formadora da União Europeia. Ela é membro permanente do Conselho de Segurança da ONU e a primeira a ser formada como Estado entre os grandes Estados europeus. Dispõe de tecnologia nuclear, fator que reforça ainda mais sua influência no mundo. No século XVII, foi reestruturada pela arte e filosofia. Foi, ainda, berço do Iluminismo, vindo a influenciar revoluções na América e a Revolução Francesa. A França tem fronteiras que abarcam desde a Europa, África, Ásia, Caribe até chegar ao Brasil (Guiana Francesa). Ela foi exemplo de democracia no mundo ao desenvolver os valores Liberdade, Fraternidade, Igualdade e, a partir de 1905, o de Laicidade.

O (I)migrante:
conquistas, fracassos e esperanças

Para alguns francófonos — eu diria até para a maioria deles —, essa grandeza francesa continua presente no seio de sua sociedade, quer seja hoje representada pela política, economia, língua, quer pelo cinema e pela arte. Eu entendo, aceito e respeito toda essa imponência francesa, porém sou um pouco alérgico em relação ao seu lema principal estampado na bandeira: *Liberté, Egalité, Fraternité*. A meu ver, não passa de uma hipocrisia datada do século XVI.

Em 1995, pela primeira vez, pisei em solo francês. E como todo mochileiro de primeira viagem, fui hipnotizado pela Cidade da Luz, Paris. Sobrevivi, até mesmo, a um ataque terrorista praticado por extremistas argelinos no metrô de Paris, no qual, por sorte, não fui atingido, pois estava longe do vagão de número 6, no qual a bomba explodiu matando quatro pessoas e ferindo 60. Esse foi o primeiro atentado da era *Chirac*, na França. Nesse momento, percebi o ódio dos estrangeiros a essa cidade e aos seus cidadãos.

O acidente aconteceu na estação *Saint Michel*, do metrô. Esse foi um grande exemplo, pois, numa oportunidade como essa, deveriam os franceses mostrar o que prega a *Egalité*. Ao ver os policiais franceses ajudarem primeiro os compatriotas de cor branca, denunciavam claramente o racismo ou negligenciavam completamente os considerados franceses de segunda classe, os de cor negra. Percebi que alguns dos propósitos franceses, como a *FRATERNITÉ*, eram praticados por apenas uma pequena parcela da população. Com esse fato, certifiquei-me de que a doutrina pregada desde a fundação do Estado Francês não havia sido posta em prática naquele simples acidente.

A minha segunda visita à Cidade da Luz foi em 1998, ano em que a França sediou a Copa do Mundo. Após uma viagem noturna, saindo de Zurique, na Suíça, chegamos a Paris às 8h do dia seguinte. Meu irmão e eu nos metemos, cada um, em uma fila quilométrica para receber informações sobre hospedagem, horário de trem e local de partida. Passados alguns minutos, chegou a minha vez de fazer a pergunta. Por não falar francês, procurei meu irmão em meio àquela multidão de gente, pois ele dominava perfeitamente o idioma. Bom, o garoto já havia se desviado e estava também à minha procura. Pensei: o que se pode fazer nesta hora é perguntar se o rapaz da informação fala inglês! Comecei completamente errado, vindo a misturar o inglês com o francês, atitude que os franceses detestam. Ou se fala um, ou outro, de preferência, a língua oficial de *La grand Nation*:

— *Bonjour, do you speak English?*

— *Non.*

— *Sprechen Sie Deutsch?*

— *Non.*

— *Lei parla italiano?*

— *Non.*

— *¿Usted habla español?!*

— *Non.*

— *O senhor fala Português?*

— *Non.*

Olhei profundamente no olho do senhor e pensei: "em que idioma iremos nos comunicar agora?" "Onde anda esse filho da puta do meu irmão?" Percebi que o senhor queria me dizer algo. Então, olhou-me mais uma vez e perguntou:

— *Vous parlez francais?*

Balancei a cabeça num gesto de quem diz não.

— *Qu'est-ce que vous faites en France si vous ne parlez pas francais?*

Essa última frase foi traduzida por um garoto da República Dominicana residente em Marselha há 15 anos. Aproveitei a oportunidade para desabafar e perguntar se ele podia me fazer uma tradução rápida:

— *Você pode perguntar para este "francês mal educado" onde anda a liberté, egalité e fraternité de la gand nation?*

— *Así son ellos. Nosotros estamos en Francia.*

Passado por esse constrangimento, encontrei o meu irmão e já fui logo declarando que não poderia ficar naquele país nem mais um dia. Depois de caminhar por todo aquele emaranhado de gente, conseguimos encontrar uma passagem que nos levaria à Gare Du Nord, de onde partiria nosso trem para Montpellier e, de lá, para Barcelona.

Passaram-se oito anos para eu voltar a Paris. A terceira visita deu-se a convite de uma amiga brasileira estudante de uma pós-graduação em Cinema no Brasil, pois seu sonho era conhecer a Cidade da Luz e o tão falado Vale do Luar. Depois de estarmos três dias na região da Sorbonne, vendo filmes que variavam de longa-metragem do Camarão a pequenas produções do Irã, resolvemos mudar o itinerário e nos aventurar em um dos grandes museus do mundo, o Louvre.

A confusão começa aí! Eu, por ser jornalista e estar de posse de minha carteira internacional, por direito, não devo pagar em nenhum museu do mundo, porém para os franceses era diferente. A moça do caixa me cobra 13€ pela entrada. Confesso: se fosse mais barata, eu não teria reclamado, mas 13€ é, sem dúvida, um desaforo francês. Gentilmente, informo-lhe ser jornalista e mostro minha carteirinha:

— *Volià le prix, Monsieur.*

— Tudo bem, chame, por favor, seu superior.

Após o fato explicado, a garota pediu-me a carteira e o bilhete de identidade para comprovação dos dados. Vendo que sou alemão, retruca a cara e diz:

— *Vous devez être alemand.*

Ao entrar no museu, deparamo-nos com uma enxurrada de japoneses portando câmeras e fotografando um quadro que chegaria a medir no máximo 30x30 centímetros. Era a tão falada *Mona Lisa* do pintor Leonardo da Vinci. Nesse mesmo dia, à noite, resolvemos sair para fotografar Paris. O dilema já começa na entrada e saída do metrô. Para quem está acostumado com trombadinhas no Brasil não se dá conta de que as estações do metrô de Paris estão cheias deles. Expliquei para ela o quanto era perigoso andar com a mochila para trás, pelo fato de já haver presenciado vários pequenos furtos nas redondezas.

Enfim, chegamos à Estação Bir Hakein, conhecida como estação Torre Eiffel, de onde caminhamos até o museu da fotografia, localizado logo acima em sentido ao Arco do Triunfo. Apesar de tudo, não imaginávamos que seríamos as próximas vítimas dos pequenos furtos, por termos sido abordados por um grupo de três adolescentes dos quais desviamos por muita sorte.

3.6 ITÁLIA: RACISMO COMO O NOSSO

Capital: Roma
Língua oficial: Italiano
Governo: República Parlamentarista; Presidente; Primeiro-Ministro
População: 58.863.156
Moeda: Euro

Itália é aquele típico país europeu feito para alguns brasileiros. Sol, praia, futebol, vinho tinto em lugar de caipirinha, muita corrupção, criminalidade e uma pitadinha de máfia. Ah, eu já ia esquecendo: um alto nível de racismo. Você sabe qual é a primeira pergunta a mim feita pelos italianos na fronteira?

— *Scusi, lei parla francese?*

— *No.*

— *Peró, parla arabo?*

— O que vocês acham dessas perguntas feitas a um mestiço de aparência norte-africana em uma fronteira italiana?

Para quem já passou por várias detenções e humilhações na terra do Nero, sabe muito bem o poder e o sentido dessas perguntas. Na realidade, eles supunham que eu era um marroquino, egípcio, tunisiano ou argelino, de preferência norte-africano. Ou seja, para eles, algumas pessoas desses países não passam de traficantes ilegais de drogas. Vocês veem como a arrogância e a ignorância dos italianos assemelham-se às dos brasileiros? No verão de 1998, resolvi tirar férias na província de Parma, nordeste da Itália, com Risoleta, uma amiga brasileira. Nosso voo saía de Hamburgo para o aeroporto de Malpensa, em Milão. Ao descermos, antes mesmo de nossos passaportes serem vistos, fomos logo interrogados por dois policiais a nos perguntar para onde íamos e quanto tempo iríamos permanecer em território italiano. Perante a lei da União Europeia, todo cidadão europeu, ou residente, tem livre acesso dentro das fronteiras europeias. Nesse ponto, ou a Itália não faz parte da União Europeia — não é o caso —, ou o nível de analfabetismo dos policiais fronteiriços italianos é tão alto a ponto de eles não conseguirem sequer identificar um comunitário de um extracomunitário. Circunstância um tanto não particular, caso estivéssemos falando da *Carabinieri* ou da política de finanças.

Após mostrar o meu bilhete de identidade alemã e Risoleta o seu passaporte brasileiro com um visto de permanência, a pergunta foi contundente:

— A senhora sabia que em Roma há uma grande quantidade de brasileiras se prostituindo?

— Sim, eu sei — respondeu Risoleta sem hesitar.

— O senhor também sabia que no Brasil há uma grande quantidade de *"veccios baresis terronis"*, que vão até lá para fazer sexo com garotos e garotas menores de 16 anos?

Após essa pergunta, pensei de imediato em uma prisão por desacato à autoridade. Porém, como já havia mencionado: Itália é o país europeu feito para brasileiros. Risoleta, vendo o meu constrangimento, para, olha para mim e diz:

— Não esquenta, Cláudio! Isso é só o início.

Daí pensei: e como será o fim?

Bom, uma semana já havia se passado e nada de atritos com os italianos. Certo dia, resolvemos ir ao mercado fazer compras na cidade de Fidenza, também região de Parma. Aí sim, pode-se dizer que a "merda virou boné". Dessa vez, fomos chamados de ladrões, pois, ao nos darmos conta, a porta do supermercado já estava azul de tantos policiais da *Carabinieri*. Não se preocupe, caro leitor, as perguntas feitas pelos policiais são sempre as mesmas. Assim, espero que até o final deste texto não seja mais necessário repeti-las. Exigiram nossos documentos, porém, não os tendo no momento, quiseram levar-nos de carro até nossa residência, isso após passar por uma bateria de perguntas deixadas pela metade por eles (os policiais). Além disso, não se atreveram a escrever nossos sobrenomes em alemão.

Outro fato ocorrido nessa viagem foi na piscina de Salso Majori, cidade onde é realizado o festival da Miss Itália, também situado próximo à cidade de Fidenza. Nesta, tínhamos o hábito de passar as férias de verão. Resolvemos ir à piscina em um domingo, porque durante a semana diversas eram as outras ocupações. Chegando à piscina, o porteiro olha-nos e aconselha a volta na segunda-feira. Não entendi de imediato o motivo do conselho, principalmente por estarmos na companhia de dois holandeses também falantes do alemão e ainda tradutores. O porteiro olha-me mais uma vez e pergunta de onde vim. Respondi-lhe:

— Hamburgo, norte da Alemanha. Automaticamente, ele mira seu companheiro de trabalho e diz:

— *Scusi Lei. Tutti tedeschi portano soldi.*

Há mais dois fatos a se explanar para se justificar o título deste texto.

Primeiro, em 2001, com a mudança da Lira para o Euro, mudaram também alguns serviços prestados pela empresa ferroviária italiana. Eu era acostumado a fazer o mesmo trajeto todo ano, ou seja, comprar um bilhete na Estação Central de Milano até Parma, o qual me custava cerca de nove Liras e era carimbado dentro do trem, como é feito até hoje na Alemanha. Em 2001, foram postas várias máquinas para os passageiros carimbarem seus tickets antes de tomar o trem. Como de costume, embarquei com mais três amigos escandinavos que não falavam patavina de italiano e, além disso, sem o carimbo nos tickets. Após meia hora de viagem, aparece-me o controlador afirmando que deveríamos pagar uma multa de 10 euros cada um, por termos subido ilegalmente no trem. Depois de muitas discussões, resolvemos pagar. Todavia, eu não imaginava que o fato de eu falar italiano significasse receber uma multa em papel de cor branca e meus amigos uma amarela. O fato é que as amarelas eram cópias da branca, ou seja, pagamos 40 euros e o controlador nos fez simplesmente uma multa. Com medo de ser autuado em flagrante, chegamos a um acordo em que eu pagaria uma multa e ele nos devolveria 30 euros.

— *Di dove sei?*

— *Di Rio.*

— *Io sapeva che era brasiliano.*

A minha última ida à Itália foi no inverno de 2006, com Sascha, um amigo alemão. Resolvemos ir à cidade de Bolonha, pois o objetivo dessa viagem era conhecer a Universidade de Medicina, uma das mais antigas da Europa. Aproveitando o ensejo, saí para comprar livros e ele alguns presentes para sua família. Ainda no trajeto da viagem, Sascha não podia conter seus comentários em relação ao nível de educação e pobreza vividas por alguns italianos, bem como a maioria dos estrangeiros com os quais tivemos contato. Passamos em uma região onde algumas barracas de ciganos eram postas embaixo de pontes sem a menor segurança. Sem falar nos berros e gesticulações obscenas feitas pelos italianos. Apesar disso tudo, o que chamava mais a atenção do alemão era a quantidade de negros africanos ilegais oriundos do Senegal e Eretria, que viviam em condições subumanas e, por último, a língua portuguesa-brasileira falada em toda esquina. Após as compras, resolvemos andar pelas ruas de Bolonha. Há poucos metros de caminhada, encontramos, mais ou menos, 10 africanos que nos ofereceram desde bolsas falsas da Louis Vuitton a CDs pirata de Roberto Carlos cantando em espanhol. Paramos para ver quais CDs tinha o africano. Em questão de dois minutos, chega um carro da *Carabinieri* armado até os dentes com um alarde de quem vai pegar assaltantes de bancos. Sascha, ao ver toda aquela cena, corre para baixo em direção à estação de trem de Bolonha e se esconde dentro de uma loja de roupa. O negro africano corre em direção contrária à *Carabinieri* e acaba se perdendo em meio à multidão e eu fico à espera, por já saber como lidar com toda aquela situação, ou seja, ciente de dever responder a algumas perguntas idiotas feitas por eles:

— *Documenti.*

Tiro o bilhete de identidade e lhe mostro:

— *A te sei Tedesco?*

— *Dove se n'è andato il nero?*

Respondi não saber.

— *Il bianco dov' è andato?*

— *Te sapeva que no podeva comprare CD qui en la via?*

Olhei bem em seus olhos e respondi que, além de não saber, era turista. Ademais, ele não havia me encontrado com nada, então deveriam seguir em busca do africano, o vendedor de CDs ilegal. Minha preocupação, no momento, foi saber como encontrar o Sascha em meio àquela multidão de gente bem-vestida com marcas falsas a subir e descer olhando vitrines. Quando descia em direção à estação de trem, entro em uma loja de roupas e, por casualidade, encontrei-o, mais branco do que, em realidade, já é, e ainda tremendo como uma vara verde. Explico-lhe que assim são os italianos. Às vezes, são iguais a um cão de caça: ladram, mas não mordem.

3.5 SUÍÇA: BELEZA PURA

Capital: Berna
Língua oficial: Alemão, Italiano, Francês e Romanche
Governo: República Federal
População: 7.508.700
Moeda: Franco Suíço

Viajar dentro das fronteiras da União Europeia é pura comodidade, principalmente se essa viagem for feita no lado ocidental. Suíça, como dizem os brasileiros, são outros quinhentos. Eu não sei, porém tenho a impressão de que o meu comportamento muda. Torno-me mais cuidadoso, mais respeitador com as leis e regras. É como se você, sendo alemão, estivesse na casa de um tio o qual não vê há muitos anos, no entanto continua sendo sua família. Creio que é este o sentimento familiar que passa pela língua alemã, pela comida, pelo modo mais ou menos de ser do suíço-alemão. Não consigo sair de casa sem ter um documento no bolso, mesmo sabendo que, em caso ou não de uma batida policial, estarei totalmente legal. É como se o próprio suíço estivesse lhe observando a todo o tempo. Porém, nada que se confunda com um sentimento de sufoco, ao contrário, é um sentimento de conforto sentido.

Falar da Suíça é lembrar, automaticamente, dos bancos de Genebra, dos esplêndidos alpes e lagos, do queijo maravilhoso de Appenzel e do chocolate que dá água na boca. Porém, Suíça é muito mais do que isso! Eu me recordo quando morava numa província chamada Teufen, um pequeno vilarejo aninhado em montanhas íngremes, próximo a Sant Gallen, que dava a sensação de se estar vivendo um sonho ou vendo um filme, com aquelas casas de tetos baixos para se proteger do inverno rigoroso que alcança aquela região dos alpes. Mas, para quem gosta mesmo de badalações, creio que o endereço certo é Zurique, devido ao seu ar de liberdade jovial. Essa cidade é uma metrópole às margens do lago, assim como é livre de ares poluídos de fábricas. Na realidade, é uma cidade-jardim entre montanhas cobertas por florestas com casas centenárias, porém impressionante mesmo são as duas torres góticas dos Conventos de Grossmünster e Fraumünster, exibindo seus vitrais de Chagall.

Em muitas de minhas viagens pela Confederação Hevéltica, posso afirmar que fui privilegiado com várias paisagens que marcaram minha estadia naquele país. Só em matéria de Alpes, posso citar o Jungfrau, o Weisshorn e o Matterhorn e, de montanhas famosas, classificar a do Grande São Bernardo, de Simplon e São Gotardo, sendo que uma das mais belas paisagens europeias, para mim, só pode ser vista por meio de uma viagem de Zurique a Milão, no norte da Itália, passando pelo Lago de Como. Essa viagem deve ser feita de trem e, de preferência, durante um dia de verão, pois o passageiro terá o prazer de ver o descongelar das geleiras e presenciar o que se pode chamar de revolta da natureza. São geleiras e rios suíços alimentando o Reno, o Danúbio, o Ródano e o Pó.

Apesar de tudo, algo que prende tantos estrangeiros àquele país, fora a beleza natural e a gastronomia, em primeiro lugar, é o poder financeiro e, em segundo, o modo simples de ser do suíço. Para a carioca Andrea A., residente em Genebra há 12 anos, dona de um patrimônio avaliado em alguns milhões de franco-suíços, viver na Suíça era um sonho. Ela conta que foi embalada por uma novela apresentada na Rede Globo, a qual mostrava todo o glamour do inverno suíço e o alto poder de movimentações financeiras. A carioca resolveu, então, abandonar o curso de Administração na Universidade Federal do Rio de Janeiro (UFRJ) para se aventurar na Confederação Helvética.

— Na realidade, Cláudio, uni o útil ao agradável. Por sempre gostar da língua francesa, ter atrações por homens nórdicos e tentar sair do Brasil, a novela foi para mim um guia, Quatro Rodas. De início, comecei a ter aulas de francês ainda em um instituto de línguas no Rio de Janeiro, onde também conheci algumas garotas que já haviam passado pela Europa. Porém, o sonho de muitas delas era a Cidade da Luz e, para outras, imigrar para o Canadá. Para mim, tudo já estava claro: nada de Paris, nem América do Norte. O sonho era mesmo Genebra, um homem nórdico e rico.

Após alguns anos de sufoco e sonho cada vez mais distante, Andrea A. resolveu se aventurar na prostituição. Isso porque, conforme ela, seria mais fácil conhecer o príncipe encantado.

— Comecei frequentando pianosbares de alguns hotéis cinco estrelas de Genebra, até conhecer uma estudante da República Checa, a qual pagava sua universidade fazendo programas para homens de negócios. Falei-lhe de minhas intenções e ela me indicou a uma casa de massagem bem frequentada e gerenciada por uma polonesa. A partir daí, começou minha saga de prostituta de luxo. Por meio dessa casa, fui fazendo minha própria agenda e conhecendo homens americanos de negócios, gerentes de bancos importantes, dentre eles alguns árabes, cujo trabalho era a importação de petróleo. Nesse intervalo de tempo, conheci Omar, um afegão criado no Irã, porém radicado em Dubai, com o qual já pude conhecer meia parte do mundo.

Minha curiosidade era saber de onde tinha vindo tanto dinheiro, visto Andrea A. ser dona de uma gorda conta bancária e manter um apartamento de luxo no centro de Genebra. Segundo ela, o dinheiro em Genebra realmente flui, caso você esteja na hora certa com a pessoa certa. Vejamos suas explicações sobre estar na hora certa com a pessoa certa:

— Cláudio, percebi que prostituta precisa ter um *feeling* bem aguçado tanto para os homens a cercá-la quanto para negócio. No meu caso, levei algum tempo para me dar conta disto, contudo, tive sorte com os homens e uma grande amiga da Romênia a qual me abria os caminhos. Ainda há bons clientes, principalmente os de origem árabe. Este apartamento, por exemplo, foi presente de um cliente com quem me encontro uma vez no mês. Atualmente, o grande problema é você conquistar a confiança dessas pessoas, já que pode arruinar a vida daqueles de vida pública. Hoje, aqui na Suíça, posso contar nos dedos a quantidade dos meus clientes, porque, na realidade, passei de prostituta de luxo à dama de companhia. Você sabe o que é isso? Significa dizer que eu já não saio mais aleatoriamente, e sim tenho clientes certos em horários, datas e países marcados.

A Suíça, por mais multicultural, democrática e tolerante que seja, continua presa às raízes. Pelo menos, é o que dizem alguns suíços. Em 1998, resolvi, juntamente ao meu irmão, fazer uma viagem pela Suíça. O nosso objetivo era conhecer, no mínimo, quatro cantões onde se falassem os quatros idiomas oficiais da Confederação Helvética. Saímos de St. Gallen — Cantão alemão em direção à Zürich —, outro Cantão alemão, passando por Geneve — Cantão francês chegando, finalmente, à Tessin — Cantão de língua italiana. A nossa última parada foi ao norte de Grisons, exatamente em um povoado de língua alemã-romanche, onde conhecemos o senhor Robert S., 82 anos, nascido na região de Lugano. Segundo ele, a neutralidade suíça em relação à 2ª Guerra Mundial se deu devido à posição ultraconservadora dos nazistas, o que levou a um crescimento econômico assustador para o seu país. Dado este que fez com que muito dinheiro e materiais fossem guardados na Suíça. O país passou a ser uma pequena potência de matérias virtuais e um marco de liberdade para a Europa Ocidental. Ele também nos explicou o porquê do receio em relação à União Europeia.

— A Suíça, apesar de ser um país de pouca extensão, possui um sistema político bastante complexo. Consoante à Constituição Federal da Suíça, o país é um Estado Federal composto por 26 cantões, de modo que cada cantão tem a sua autonomia político-econômica, ou seja, será muito difícil chegarmos a um senso comum. Além disso, outro motivo que nos deixa céticos é em relação à nossa cultura e língua. Ainda somos um povo muito voltado para a questão de nossas raízes e isto impede de nos relacionarmos 100% com o resto da Europa. Eu, particularmente, não vejo isto como negativo. Ao contrário, hoje, na era da globalização, o fator predominante é praticamente a língua inglesa, e nós não estamos totalmente seguros de ser este o futuro almejado para nossos netos. Outro fato que não se deve esquecer, Cláudio, diz respeito à crise vivida por todos os países ricos metidos com a UE. Temos exemplos de países ricos como a Alemanha, França e Inglaterra, os quais, após entrarem na UE, perderam muito em relação à qualidade de vida. O senhor não acha já ser suficiente a quantidade de estrangeiros em nosso país? Nos tempos atuais, muitos dos soldados suíços têm nomes e sobrenomes bósnios, sérvios, macedônios, ou seja, são de maioria ex-iugoslava, isto significa dizer que o nosso país, em poucos anos, pode estar nas mãos de estrangeiros. Eu não entendo toda essa pressão sobre a Suíça. Por que vocês não vão se meter com a Noruega? Ela também recusou entrar na UE, isto é, também não quis dividir o seu mar cheio de Salmões com seus irmãos menos privilegiados. Eu não sou contra dividir o meu pão, entretanto não quero dar a minha conquista para ficar a ver navios. Entendeu?

3.7 ESPANHA: SOL, PRAIA E MUITA IGNORÂNCIA

Capital: Madri
Língua oficial: Castelhano
Em algumas comunidades: Catalão, Valenciano, Basco, Galego e Asturiano
Governo: Monarquia Constitucional; Chefe de Estado; Presidente
População: 45.200.737
Moeda: Euro

— Claro que são! Só vocês que não veem. Desse tipo de gente, de um tempo para cá, Madri está cheia! Elas e eles estão por toda a esquina. Ainda dizem que nós somos os preconceituosos. Por que não vão lá pra baixo, já que falam português? Já ouvi dizer que são piores que as índias, pelo menos essas ainda são trabalhadoras.

Atualmente, essas conversas podem ser ouvidas em vários locais públicos, tais como ônibus, praças e mercados das grandes cidades espanholas, como Madri, Barcelona, Valência e Sevilha ou em áreas de praias, tais como Maiorca, Ibiza, Lanzerote e Tenerife, onde a concentração de estrangeiros é visível. O problema é a quantidade de brasileiros em entrada na Espanha ser superior ao número especulado. Mesmo o número exato ainda não tendo sido destacado nas estatísticas do governo, a quantidade de brasileiros ilegais pode chegar a superar os de legais. Porém, a grande soma de garotas de programa brasileiras já chama a atenção da população. As índias, as quais a população espanhola compara às brasileiras, no início do parágrafo, são, em sua maioria, as mulheres sul-americanas de língua espanhola, por terem aparências indígenas e constarem em estudos de densidade demográfica no país como maioria entre os estrangeiros.

O nível de ignorância vivenciado na Espanha em relação ao grande número de estrangeiros, seja ele oriundo da África, Ásia, Leste Europeu ou América Latina, é exorbitante. Segundo alguns espanhóis, com os quais mantive contato quando vivi em Barcelona, toda essa xenofobia é advinda do desenvolvimento adquirido pelo país, a partir da sua entrada na UE, em 1986. Tese esta rebatida por alguns amigos espanhóis, os quais dizem que, entre os países da Península Ibérica, a Espanha, no período escravocrata, sempre mostrou um comportamento racista. Será mesmo que a xenofobia espanhola só veio à tona após a sua entrada na EU, em 1986? Isso, porque, no período antecedente ao ano de 1939, a Espanha vinha sendo devastada por uma Guerra Civil. Ao fim desta, dá-se o início ao que chamamos de "Franquismo", ou seja, ano em que Francisco Franco sobe ao poder e instala uma ditadura militar que prevalece até o período de sua morte, em 1975. Por esse motivo, não podemos falar em imigração na Espanha nessa época. Na realidade, o movimento migratório nesse país, tanto interno quanto externo, só ocorreu com maior frequência entre o final do século XIX e início do século XX, período em que os países receberam o maior número de espanhóis de Cuba, Porto Rico, Argentina e Venezuela. Países estes que não constam como os mais representativos em matéria de imigração na Espanha. Mesmo assim, a densidade populacional espanhola ainda é bem menor em relação a outros países europeus.

Bom, passado à parte! O que nos interessa mesmo são o presente e o futuro. Atualmente, a Espanha é considerada um país industrializado e representado entre as 10 maiores potências econômicas do mundo, chamando, assim, a atenção de muitos imigrantes e não só de brasileiros. Pelo menos é o que mostram os dados estatísticos do CIDOB- Centre for International Affairs (MAHÍA, 2018). Os números mostram que, só no ano de 2018, a população estrangeira na Espanha já beirava a cifra de 6.118.172 habitantes, representando, assim, quase 10% dos 447.332.614 habitantes espanhóis. Entre as comunidades mais representativas em solo espanhol, encontra-se, atualmente, a marroquina, com mais de meio milhão de habitantes, sendo a segunda a equatoriana, em seguida, a romena e, por último, a britânica.

Porém, dados estatísticos são uma realidade e o dia a dia dos estrangeiros vivido junto dos espanhóis é outra.

O que há de se esperar de um país como a Espanha, com todos os seus problemas internos e, além do mais, com uma enxurrada de estrangeiros, vindos não só de ex-colônias, como também de países como Índia e Sri Lanka? Indagação esta oriunda da observação desse país no tocante, por exemplo, ao tema política migratória, o qual nunca fez parte de nenhuma pauta de qualquer agenda política. Por melhor que andasse a economia espanhola, ninguém se esqueceu, todavia, do calote dado pelos espanhóis para receber o Euro, ou seja, ainda são obrigados a reaver a credibilidade abalada junto ao resto da UE. Outro ponto são os problemas de fronteiras mal resolvidos com o vizinho Marrocos. A exemplo, tem-se o subdesenvolvimento do sul em uma região como Andaluzia e o desenvolvimento do primeiro mundo em cidades como Barcelona. Como se pode ver, mesmo estando a Espanha classificada entre as 10 economias mais fortes do mundo, e recebendo o título de os novos ricos da Europa, ainda mantém mazelas de países do sul.

Outro grave problema enfrentado pela Espanha é o grande êxodo de europeus do norte em busca do paraíso na Península Ibérica, ou seja, sol e praia. A Espanha também se tornou um reduto de delinquentes do norte, onde pode ser encontrado desde o falsificador de dinheiro inglês, passando pelo traficante de cocaína holandês, até ao sonegador de impostos alemão. O antropólogo, Steven Vertovec (2018) mostra em seu artigo, *Deutschlands zweite Wende?* que só no ano de 2018, 10 milhões de alemães deixaram o país em direção à Península Ibérica em busca de sol e praia, sendo que 30% dessa quantidade permanece em solo espanhol por até três meses, dado a deixar tanto a Espanha quanto a Alemanha feliz. Porém, a pergunta é: como se sentem os espanhóis frente a esse fato?

Maria Joana, nascida e criada em Palma de Mallorca, diz que a situação é agravante, porque até os pequenos vilarejos da cidade se tornam verdadeiras atrações turísticas, abalando, assim, a tranquilidade dos moradores residentes há décadas.

— Há vários fatores que nos levaram a pensar sobre o turismo exacerbado aqui na ilha. O principal foi o aumento da criminalidade, fruto da grande quantidade de estrangeiros, sejam eles comunitários ou extracomunitários. Com o aumento do turismo, muitos maiorquinos resolveram vender suas terras para alemães ou ingleses que chegavam carregando malas de dinheiro e, com eles, a prostituição e o crime. Atualmente, como estamos acostumados a dizer, a língua oficial da ilha há muito tempo deixou de ser o maiorquino para ser o anglo-germânico, porque até os menores restaurantes dos vilarejos, para venderem o seu óleo de oliva ou a sua *paella*, precisavam escrever em anglo-germânico.

Para Maria Joana, o que também chama a atenção de quem ainda vive na ilha é a quantidade de homicídios por ano em meio à população estrangeira, principalmente entre os alemães, além do aumento de drogas pesadas entre os ingleses. Fatos já até denunciados na mídia alemã e inglesa.

— O fato de os alemães ainda poderem comprar terrenos imensos aqui na ilha por preços de banana fez aumentar muito a criminalidade. Muitos deles saem corridos da Alemanha por sonegação de imposto e, por não saberem onde aplicar todo o dinheiro, terminam parando aqui e abrindo qualquer bar ou discoteca. Eu já escutei histórias de muitos deles, os quais passam a perna nos próprios compatriotas, vendendo a eles terrenos virtuais ou chalés na planta sem nunca terem sido construídos, ocasionando, assim, rixas seguidas de morte.

Maria Joana ainda me falou de um vizinho seu, um alemão chamado Hans, o qual lhe disse que grande é a facilidade para ocorrer esse tipo de ação. Segundo ela, alguns alemães não confiam muito nos espanhóis. Por esse motivo, preferem recorrer à sua própria nacionalidade, ocasionando um problema de tradução, que, para muitos, ao invés de pagar a um tradutor juramentado, preferem a tradução de um "amigo" que termina lhes passando a perna. Em relação aos ingleses, as brigas seguidas de mortes, na concepção de Maria Joana, ocorrem devido à grande quantidade de drogas ingeridas por eles e o mau gerenciamento da droga imposta pela máfia norte-africana.

3.8 PORTUGAL: PIADAS DE MAU GOSTO

Capital: Lisboa
Língua oficial: Português
Governo: Democracia Parlamentar
População: 10.945.870
Moeda: Euro

Seja no Brasil ou em Portugal, as piadas são sempre as mesmas. Lembrando que isso depende sempre de quem as conta: "quando Deus criou a terra, perguntaram: você pôs terremoto naquele país, furacão no outro e furacão e terremoto naquele. E no Brasil (Portugal)? Espere ver o tipo de gente que eu vou colocar lá" (piada ouvida em Portugal). "Um português (brasileiro) tropeça e cai com a cabeça na merda. Contundido, passa a mão no crânio e constata: — oh, quebrei a cabeça..." (piada ouvida no Brasil). "Êpa, estive em tal sítio, então, que cidadezinha...! Só tem jogador de futebol e puta. Mas a minha mulher é de lá!!! Ela tá batendo um bolão...!" (piada ouvida em Portugal). "Quantos portugueses (brasileiros) são necessários para trocar uma lâmpada? Um para segurar a lâmpada e três para girar a mesa!" (piada ouvida no Brasil).

Essas piadas são o puro reflexo da relação luso-brasileira, ou seja, é uma mistura de amor e ódio que convivem lado a lado. Os vínculos que unem Brasil e Portugal estão relacionados à identidade linguística e cultural, potencializada pela imigração. Os brasileiros residentes em Portugal já estão acostumados a ouvir certas piadas e aguentá-las, pelo fato de se encontrarem em terras longínquas. Porém, para os portugueses habitantes no Brasil, a realidade também não é tão diferente assim. Pode ser bem pior! Eles já suportam essas piadas há mais tempo que os brasileiros por já viverem no Brasil há mais tempo que os brasileiros em Portugal. Em meio século, a partir de 1880, entraram no Brasil quase 1,2 milhões de portugueses. Ainda na década de 1950, quase 24 mil portugueses ao ano e, só depois, os destinos europeus prevaleceram. O *boom* da imigração brasileira em terras lusas só se deu mesmo no final do ano 2000, com a crise enfrentada pelo Brasil. Mas será que todos os portugueses pensam o mesmo do Brasil? A mesma pergunta também deverá ser feita para os brasileiros: será que todos os brasileiros também pensam o mesmo dos portugueses?

Em minhas andanças por terras lusas, percebi que nem todos os portugueses concordam que todos os brasileiros são jogadores de futebol e as mulheres são putas. Como também nem todos os brasileiros estão de acordo com a ideia de que todos os portugueses são pasteleiros, paneleiros e brochas, assim como as mulheres possuem bigode, ou seja, frias de cama e lésbicas. Porém, há aquela grande parcela de tugas e brazucas cuja visão é distorcida, tanto de lá quanto de cá. Nessa briga entre irmãos, o que me deixa mais intrigado são os comentários daqueles que nem sequer de longe conhecem Portugal ou Brasil. Ou seja, são os portugueses e brasileiros nascidos ou residentes no estrangeiro. Para o sueco Bruno S., filho de portugueses imigrantes, falar sobre o Brasil é automaticamente falar de futebol e mulatas, mesmo falando mal português, estando duas vezes de férias em Portugal ainda quando criança e nunca estando em terras brasileiras.

— Realmente você tem razão, Cláudio. Nunca estive no Brasil, contudo os comentários dos portugueses sobre os brasileiros, aqui na Suécia, nunca foram dos melhores. O que se escuta sempre é que a brasileira meteu um par de chifres no Manuel e que o Brasil é pentacampeão. Eu sou daqueles típicos papagaios: repito o que ouço. No entanto, também reconheço um pouco de inveja dos portugueses em relação aos brasileiros por eles serem mais soltos, terem a fala mansa e se mostrarem extrovertidos. Eu até tenho dois amigos brasileiros jogadores na minha equipe de futebol.

Ainda quando eu era estudante na Universidade de Hamburgo, presenciei uma cena digna de uma filmagem: uma discussão luso-brasileira. Quem levou a pior? O português, é claro! E por quê? O brasileiro envolvido na discussão era aquele típico carioca, pois tudo o que há de melhor no mundo está no Rio de Janeiro. A discussão foi feia! Falou-se da classe trabalhadora portuguesa em portos alemães, da ignorância portuguesa, dos cafés e padarias abertas pelos portugueses no Rio de Janeiro. E, por último, que os portugueses continuavam sendo "a casa pobre" da Europa. A desenvoltura do brasileiro com a língua portuguesa fez a diferença, fazendo com que o português quase não falasse e resmungasse algumas palavras tentando se defender da forma que podia. Após o término da discussão, percebi que o português é filho de imigrante e não falava português, bem como a discussão havia começado porque o garoto estava vestindo uma camisa da seleção portuguesa.

A repugnância pelos portugueses por parte dos brasileiros, muitas vezes, começa ainda na infância ou adolescência. A forma de falar dos portugueses de sotaque lusitano sempre foi ridicularizada no Brasil. Pelo menos, é o que me contou Eduardo F., um brasileiro que viveu em Lisboa por sete anos e hoje reside na Alemanha. Essa aversão eu senti na pele, uma vez trabalhando na Inglaterra junto a um brasileiro. Não lembro porque cargas d'água falei da necessidade de passar um e-mail a um amigo português habitante na África do Sul. Automaticamente, o brasileiro olha-me e diz:

— Que má sorte a sua, viver juntos a argentinos e ainda ter amigo português!

Já a repugnância dos portugueses em relação aos brasileiros é algo recente, pois o brasileiro sempre foi admirado pelos portugueses, fosse na forma de ser ou de falar.

— Antes mesmo de eu embarcar para Portugal, já estava mais ou menos ciente do tipo de preconceito a ser enfrentado. Isto porque o relato ouvido sobre os portugueses durante a infância era de pessoas que matavam nativos e escravizavam negros. Porém, eu não sabia do ódio sentido entre brasileiros e portugueses, mesmo assim consegui viver lá por cinco anos. Viver em Portugal? Não desejo ao meu pior inimigo, pois foi traumatizante e frustrante. Quando vou ao Brasil, não consigo nem fazer conexão em Lisboa, prefiro voar via Paris ou sobre qualquer outra capital europeia. Hoje, vivendo na Alemanha, creio ser melhor esquecer as vivências naquela terra e não fazer nenhum tipo de comentário, até porque as feridas ainda continuam abertas (EDUARDO F.).

Esse mesmo comentário jamais pude registrar com Fernando e Ricardo, irmãos do Eduardo, já residentes em Portugal há oito anos e que só vieram viver em terras lusas, porque Eduardo os trouxe.

— Já ouvi deveras vários comentários desagradáveis, o que não é motivo para uma generalização de que os portugueses são assim ou assado! Eles têm o porquê de pensarem dessa forma. Na realidade, muitos brasileiros só descobrem a sua vocação profissional dentro do avião. Ou seja, como nunca fizeram nada e devem ganhar a vida de qualquer forma, pensam logo em ser jogador de futebol ou artistas enquanto as mulheres, em sua maioria, são vítimas de uma rede de prostituição articulada por portugueses e africanos radicados em Portugal. Outras são atraídas por uma boa vida na Europa, mas quando chegam aqui e veem quão dura pode ser a vida em comparação à que levavam no Brasil, ou voltam para os seus países de origem ou piram da cabeça. Eu, particularmente, sinto-me bem e não vejo a necessidade de mudar de país (FERNANDO F.).

— No meu caso, Cláudio, sempre tive o desejo de conhecer Portugal, por tudo o que escutava no Brasil. Entretanto, tudo se deu ao contrário: quando eu pensava em odiar, passei a amá-lo e defendê-lo. Atualmente, os meus melhores amigos estão aqui. Hoje, conheço vários países da Europa, não trocando, é claro, Portugal por nenhum deles, nem sequer pelo Brasil. Também reconheço todos os problemas enfrentados, apesar de nunca haver sido reconhecido profissionalmente no Brasil o quanto sou aqui em Portugal (RICARDO F.).

Particularmente, conheci vários tipos de portugueses e brasileiros, até mesmo por ter vivido em diversos países. Por esse motivo, posso afirmar que uma generalização desse tema seria um fato errôneo. E ainda cheguei à conclusão de que para manter uma amizade luso-brasileira saudável é necessária a imposição de algumas regras. Para muitos, pode parecer estranho, mas posso afirmar que funciona. Pelo menos comigo! Quando vivia em Hamburgo, local onde a comunidade lusa é uma das maiores da Alemanha, mantive contato com inúmeros portugueses. Daí, percebi a grande diferença entre um português nascido e criado no estrangeiro e um português imigrante. Essa mesma diferença também pode ser notada entre os brasileiros. A regra era: para se ter uma amizade duradoura e confiável, o português precisaria haver nascido ou crescido no estrangeiro. Por quê? Na realidade, um português nascido fora de Portugal, mesmo tendo pai e mãe portugueses, terá uma mentalidade e uma forma de ser completamente diferente da de um português legítimo. Essa mesma regra é válida para os brasileiros. Além do mais, não descarto a possibilidade de se ter amigos portugueses nascidos e criados em Portugal, porém que não sejam imigrantes.

Nos tempos de agora, tenho dois grandes amigos portugueses nascidos, crescidos e vividos em Portugal, mesmo já tendo residido no estrangeiro. Porém, posso afirmar que não passam de todo esse estigma que se conhece dos portugueses em terra de "Vera Cruz". Para concluir, são mais amigos que os ditos amigos do Brasil, mesmo estando do outro lado do oceano e tendo um sotaque lusitano carregadíssimo.

3.9 INGLATERRA: *THE CALEDONIA FAMILY* (A FAMÍLIA CALEDÔNIA)

Capital: Londres
Língua oficial: Inglês britânico
Governo: Monarquia Parlamentar
População: 50.762.900
Moeda: Libra Esterlina

— *Quieren matar la nuestra madre!!!* — Gritava Arqui, desesperado, do primeiro andar da casa onde morávamos, na Armou Close N7, depois de haver tomado dois ácidos e algumas incontáveis latinhas de cervejas. Após alguns minutos, escutavam-se outros gritos:

— *God save the Queen! God save the Queen!* — Todo esse histerismo era confundido com uma boa música argentina regada a cervejas, vinho vermelho, mate e dois baseados de maconha caribenha misturados com haxixe iraniano que giravam em sentido inglês, na parte inferior da casa onde se encontrava a cozinha: "Família Mc Cann não cansa de buscar sua filha no Algarve, sul de Portugal", "Mundial de Futebol em continente africano leva alegria à África do Sul". Essas manchetes escutadas vinham ainda do *living* da casa, situado entre a cozinha e o *garden* onde se encontrava a televisão de 29 polegadas.

"CABRIIIIIIITO, puedes traerme las chanclas rojas?" — essa era a espanhola que ocupava o andar superior da casa a qual não saía do banheiro sem as sandalinhas de dedo. *"Puta, este baño esta una mierda! Quién cagó aqui?"*, perguntava a Mami, desesperada devido ao odor exalado justo em frente ao meu quarto. *"Negro Fu!!! Podes venir, por favor, limpar a banheira? Você foi o último a se banhar!"*, gritava Iñaki em seu portunhol, olhando a banheira cheia de espuma. *"Claudinho, você trouxe algo para comer hoje? Puta! No tengo ganas de salir para comprar nada y esta haciedo un frio que te cagas!"* — esse era o mano "Negro" com o qual eu sempre dividia um sanduíche ou uma pizza trazida do *Bowling*. Ele sempre aproveitava o momento para me mostrar mais uma música brasileira descoberta por ele ou ler algumas páginas de seu livro de filosofia clássica:

— *Hoy es viernes, vamos a salir de Lima?*

Perguntava à psicanalista "Bego": — *Alguien vio mi gafas? Y mi Bufanda?* Essa era a "Xell", a catalana, a qual nunca encontrava nada na casa: — *Y aí, Claudiño!!! Vamos fumar uno enquanto concinamos?* Perguntava-me o Papi. Deu para contar quantos éramos em uma casa? Asseguro que não. Porém, posso afirmar que somos uma grande família. Antes de continuar essa história, seria melhor explicar como cheguei até aqui.

Londres é aquela cidade onde muita gente sempre teve ou tem curiosidade de estar. Nem que seja por um dia para fazer uma fotografia diante do Big Ben, conhecer o rio Tâmisa, subir na London Eye, fazer compras na Oxford Street ou Regen Street, deliciar-se no Hyde Park e até comer por uma libra em Camden Town. Imagine viver!!! Não seria por menos! A capital inglesa é uma das cidades mais populosas da União Europeia, com 7,5 milhões de habitantes e falando cerca de 200 idiomas diferentes. Mas não é sobre isso que eu quero escrever, pois essas informações recheiam os livros de turismo.

Ainda quando vivia na América do Sul, sempre foi meu desejo passar uma temporada em Londres, no entanto, os ossos do ofício me posicionavam para outros países. Após o término de meus estudos na Alemanha, pensei: agora ou nunca! Fiz as malas e parti para a Turquia em busca de descanso, mesmo tendo recebido uma proposta para trabalhar para uma organização alemã na região do Amazonas no Brasil. Em Istambul, conheci o Joaquim (Negro), um argentino que vivia em Londres há dois anos. Durante uma noite de chá e narguilé, trocamos a direção do e-mail e selamos uma irmandade. Após um ano, lá estava eu na casa onde ele havia morado, posto que, no momento em que cheguei a Londres, este já estava morando em Barcelona. Mesmo assim, fui recebido por todos os amigos dele, os quais, alguns, já havia conhecido no mundial de 2006, em minha casa na Alemanha, ou falado por telefone, ou escutado qualquer história a respeito.

Naquele dia, percebi o quão importante seria aquela vivência, não somente por estar em Londres, mas sim por estar vivendo com um grupo de pessoas, as quais mal tivemos sequer o momento de sermos amigos, tínhamos mesmo de ser uma família. A minha chegada àquela casa foi um tanto conturbada, pois existiam outros integrantes com os quais nunca tive o menor contato e foi justo com um deles que precisei dividir um quarto 3x2, após uma longa discussão. Como se diz no Brasil: família se assa, se frita, mas não se come. Foi realmente assim que aconteceu. Como não nos comemos, precisamos mesmo conviver em harmonia.

A partir daquele dia, passei a ser o mais novo integrante da "Família Caledônia", tendo o direito à chave e tudo, assim como a dividir o quarto com o mais novo em questão de idade, o meu irmão, Iñaki.

A primeira noite foi daquelas que ninguém esquece! Fui dormir cedo, porque, no outro dia, já precisava sair à procura de laboro. Às 2h da manhã, entrou Iñaki no quarto e me perguntou se eu durmo com música. Respondo-lhe que sim, mesmo sem entender a pergunta devido ao sono. Posso afirmar: foi uma preparação para uma educação musical. Ou seja, seria uma porta de entrada para o mundo da música, visto que Londres é a capital europeia da música, mas eu não sabia que na casa viviam dois grandes músicos, Iñaki e Arqui, os quais já haviam gravado CDs na Argentina.

Em matéria de música e músicos, a casa N7 da Armou Close estava bem abastecida. Na realidade, essa casa era um polo musical, pois, há dias, os estilos misturavam-se. Isso desde um Tango argentino a uma MPB brasileira, passando por um Rock inglês e chegando a um Flamenco espanhol, terminando com uma Rumba caribenha produzida na Colômbia. Com o tempo, fui aguçando os ouvidos e afinando o gosto pela música graças ao Iñaki e ao Arqui, pois sempre me presenteavam com uma boa melodia.

Para quem gosta de música, a casa era um prato cheio e Londres um buffet completo. Todos nós trabalhávamos nos finais de semana. As segundas e terças-feiras eram os dias que, normalmente, tínhamos livres e aproveitávamos para fazer compras, ir aos parques e, caso o tempo ajudasse, ou desfrutar de uma boa música em um *pub* inglês ou australiano — como o *Walkabaut* — ou em alguma casa noturna como as *The End* e *Fabric*. Mesmo fazendo trabalhos diversos, sempre nos sobrava tempo para irmos quase todos juntos a qualquer lugar. Após meses vivendo em Londres, tornei-me fã e conhecedor dos Beatles, David Bowie, Gallaghers e Rotten.

Fui convidado, então, pelo Arqui e dois tios da Espanha que nos visitavam, para ir a um local no nordeste de Londres. O lugar era um dos mais inexpressivos para mim. No momento, eu não entendia o porquê de alguns turistas asiáticos tirarem fotografias de uma ZEBRA (faixa de pedestres), no asfalto e de uma casa com o muro todo pichado com dizeres quase inelegíveis. Arqui, percebendo a minha ignorância, diz:

— Desfrutem! Vocês estão diante de um fato histórico da música inglesa. Estamos precisamente na esquina da Grove End Street.

Até o exato momento, aquela esquina não me dizia absolutamente nada. Porém, Arqui continuou com a sua explicação necessária:

— Pois, exatamente aqui, em cima dessa zebra, foi tirada a fotografia em estampa na capa do disco que leva o nome do famoso estúdio Abbey Road. Só músicos com hora marcada podem entrar para conhecer o estúdio 2, onde os garotos de Liverpool costumavam gravar músicas para sair direto para o primeiro lugar nas paradas de sucessos.

Para quem gosta de música, estar em Londres é realmente algo único. A capital britânica cheira à música. Uma opção interessante para quem quer entrar ainda mais no mundo dos Beatles é participar de um tour especializado na história dos garotos de Liverpool, feito pela London Walks. Há outro tour feito pela The Beatles Magical Mistery, partindo de Tottenham Court. A ideia é retratar a *swinging London* e o reinado do grupo. Além de Abbey Road e do estúdio, passar pelo antigo escritório de Paul e pela Índica Gallery, onde o John e Yoko Ono se encontraram pela primeira vez, em 1966.

O tempo nessa cidade ou passa rápido demais ou não passa nada, essa era a sensação tida. Nos dias de folgas, às vezes, saía com Iñaki para olhar lojas de discos e instrumentos musicais. Para ele, era uma viagem gastar horas e horas falando de música ou testando instrumentos nas grandes lojas da cidade. Lembro-me de uma vez, quando ele chegou em casa mais alegre que uma criança quando ganha sua primeira bicicleta, falando-me de uma nova rua:

— Claudinho, eu encontrei uma rua que é uma loucuuuuuuuuuuuuura!!! Você conhece a Denmark Street? Falaram-me que é considerada o coração musical da cidade e foi lá onde os Stones gravaram seu primeiro disco. Quero te levar lá amanhã!!!

Realmente, Iñaki tinha razão! A rua é mesmo uma loucuuuuuuuuuuura! Até quem não entende de música se delicia com os estilos variados de tantas guitarras. A Denmark Street possui lojas especializadas em instrumentos musicais por todos os lados, como lojas só de guitarras, outras exclusivamente de contrabaixos e outras só de baterias. Nos andares superiores das casas, encontram-se estúdios de gravação e escolas de música. A casa de número 4 é a mais famosa da rua por ter sido lá o local de instalação do Regent Sound Studio, no qual o Rolling Stones gravou o seu primeiro trabalho. Com isso, fez com que não somente a casa, mas o bairro inteiro se tornasse um ponto de referência da música inglesa. Pelo Regent passaram outros nomes famosos como Elton John, Eric Clapton e Steve Wonder. Outros estúdios da Denmark Street receberam nomes famosos como: Bob Dylan, Jimi Hendrix e The Small Faces.

Para os apaixonados da música, a Denmark Street transforma o bairro do sonho em um verdadeiro jardim do Éden. Por lá passaram também os Sex Pistols que, na década de 70, criaram músicas as quais se tornaram verdadeiros hinos como: *Anarchy in the UK* e *God Save the Queen*. Porém, não só a musicalidade me chamou a atenção, mas também a grande quantidade de artistas de várias ramificações, como estilistas, trajando suas próprias roupas moderníssimas. *Dreadlocks* cantando músicas de reggae e várias lojas especializadas em CDs e LPs.

Momentos bons na Família Caledônia são incontáveis, especialmente quando amanhecíamos com o espírito desbravador de cultura. Nós éramos capazes de passar horas a fio em museus como o britânico, o qual resolvemos conhecer durante um mês devido ao seu tamanho, a Galeria Nacional de Arte, o da Ciência e da Guerra. Às vezes, devido à quantidade de pessoas que estávamos, nos dividíamos em grupos para conhecer e apreciar melhor as partes de nosso interesse. Fiquei impressionado, tanto pela beleza quanto pela história, com o *Palace of Buckingham* e o *Palace of Westminster*. Porém, há vários outros monumentos dignos de serem vistos, tais como o *Skyline*, a *Tower Bridge* e inúmeros parques, como o *Victoria, Green, Hyde, St. James* etc. Apesar de tudo, ficávamos encantados ao passar horas tomando mate ou cerveja ao som de uma boa música no *Primerose Hill*, vendo toda a cidade aos nossos pés. Há um dia no mês de agosto, em Londres, esperado por quase todos os londrinos: o dia da Chuva de Estrelas. Nesse dia, muita gente procura os pontos mais altos da cidade para observar a queda das estrelas. No referido dia, saímos de casa por volta das 2h da manhã para observar a queda das estrelas do topo do *Primerose Hill*. Cada um gritava e contava quantas já haviam visto cair do céu. Para ser sincero, vi simplesmente duas e não mais que isso. Porém, percebi que o fato não é apenas ver a queda, e sim estar ali a observar o céu estrelado, caso raro na terra da rainha.

Outro momento digno de registro foi o Carnaval de *Notting Hill*, acontecido todo ano no mês de agosto. Para quem é brasileiro, parece até sentir um borbulhar nas veias por conta dos toques dos tambores jamaicanos, mesmo não chegando nem de longe aos toques dos batuques baianos ou pernambucanos. A semelhança fica mesmo na quantidade de trios elétricos a encher as *streets* e *roads*, sendo a diferença visível no corpo das mulatas, porque, no carnaval londrino, gordura é sinônimo de fartura. A quantidade de negros ingleses misturados a caribenhos e africanos dão a esse Carnaval um toque especial, pelo fato de o bairro *Notting Hill*, onde este evento é realizado, já ser conhecido na tela de cinema por meio de Julia Roberts e Hugh Grant.

Para os brasileiros apaixonados pela MPB, sabe-se que foi nesse bairro, o aporte do cantor Caetano Veloso em sua temporada por *London*, em uma das mais famosas ruas do bairro, na *Porto Bello Road*, o local de gravação de sua música *Nine aut of Ten*. Vale salientar que o ar jovial desse bairro se dá devido à quantidade de lojas de CDs e LPs e às conhecidas *Second Hand*, localizadas bem próximas à estação de *Notting Hill*. Lá, podem-se encontrar CDs e LPs raros de Elza Soares e cantores como Sérgio Mendes.

O número N7 da Armou Close era conhecida por vários motivos. Primeiro, porque éramos a casa mais multicultural da rua. Segundo, porque era a mais barulhenta e, terceiro, porque éramos uma invasão: não pagávamos água, luz, gás nem aluguel — o que há de mais caro em Londres —, ou seja, éramos *squatter*. Porém, nem sempre foi assim. Três meses antes de eu chegar à casa, pagava-se aluguel. O problema foi que o contrato venceu e a dona não queria nos devolver a caução, motivo este que contribuiu para a nossa permanência na casa e a compra de uma briga judicial. O fato é que a lei no Reino Unido é clara e concisa: todo cidadão residente no UK, seja ele britânico ou estrangeiro, tem direito à moradia. Por conta disso, não tendo para onde ir, ficamos na casa e perdemos o status de *tenant* e passamos a ser *squatter*, ou seja, perante a lei, éramos invasores. Status comum entre os estrangeiros e alguns ingleses da classe mais desprivilegiada. O mais interessante é que a lei vai mais além do que se imagina: "Qualquer casa que esteja fechada por um longo período, aparentando abandono, pode ser ocupada pelos *squatter* e os bens materiais encontrados no interior da mesma passam a ser do invasor" (MINISTRY OF JUSTICE-UK, 2012, p. 6).

Perante essa lei, fomos privilegiados por já estarmos dentro da casa, ou seja, não houve invasão. A casa localizava-se no início da Zona Dois entre o Presídio Pentoville, conhecido pela prisão do rockeiro Pete Doherty, da banda inglesa Babyshambles, esposo de uma das cantoras mais polêmicas de Londres — Amy Winehouse — e a estação Caledônia, uma após a estação *King's Kross*.

A casa *N7 Armou Close* foi realmente um processo histórico para o nosso advogado, adquirido por meio do escritório dos *squatters*. Na primeira audiência, não apareceu nenhuma das proprietárias, ou seja, não pôde haver julgamento pelo fato de uma das partes não comparecer ao tribunal. Soube-se apenas que estavam, as donas da casa, vivendo na Nova Zelândia.

A segunda audiência foi prorrogada por mais três meses, aumentando, com isso, a pressão no convívio entre os integrantes da casa. O problema é que um *squatter* não pode nunca ser deixado só, para não correr o risco de ser invadido por outros *squatter*, ou seja, deveria sempre ter alguém em casa para evitar uma invasão alheia. Nesse período de três meses, tínhamos de procurar outro local para morar, pelo fato de não sabermos até quando duraria esse *squatter*. Imagine só a pressão! De três em três meses, faziam-se as malas e se desfaziam com uma prática quase imperceptível.

Segunda audiência. Um erro crasso no processo: apareceram as partes envolvidas, contudo o julgamento estava sendo feito contra os verdadeiros *Tenanten* para quem a casa havia sido alugada há um ano e meio. Entretanto, nesse período, só havia um *tenanten* na casa, pois o resto eram todos *squatter*, isto é, mais uma vez o processo foi prorrogado. Mas, agora, já fomos avisados antes pelo advogado de defesa de que o nosso caso chegava ao fim, o que significava não termos a menor chance de permanecer na casa, antes deveríamos mesmo mudar-nos e, após o fim da terceira audiência, era-nos dado um prazo de seis semanas para deixar o imóvel. Caso contrário, deveríamos ser postos na rua por meio da força bruta dos *Bailiffs*, polícia especializada para remoção de *squatter*.

Diante dessa situação, o que fazer? Onde buscar ajuda? Procuramos, mais uma vez, o escritório dos *squatters* para sabermos como proceder diante dessa nova conjuntura judicial. O advogado deu-nos uma lista de casas, que, segundo ele, poderiam ser ocupadas. O problema era a localização de todas elas: entre a zona três e quatro, ou seja, muito longe para quem estava acostumado a viver entre a zona um e dois. Pensamos: ou cada um segue o seu futuro ou continuamos juntos na busca por outro *squat*. A união fez a força e saímos, mais uma vez, em busca de outro *squat*, contando agora com a ajuda de uma comunidade de colombianos, os quais haviam aberto um com três casas. Não sabíamos que as casas estavam localizadas em uma das áreas mais nobres de Londres — no bairro *Batter See* —, próxima a *Chelsea* e *Sloane Square*. Levamos um tempo para nos acostumarmos com aquela nova vida de *New Rich* e dividir a nossa liberdade com os colombianos. Porém, posso afirmar que, mesmo morando junto ao *creme de la creme* — e dividindo as minhas caminhadas matinais com a classe mais alta de Londres, no *Batter See Park* —, nada pôde substituir a nossa vida em Caledônia na *N7 Armou Close*.

Eu me lembro dos últimos momentos vividos na casa. Da última noite, sentado tomando um mate com Papi, até as lembranças de suas falas. Ele manifestava que não podia acreditar ter de deixar a casa, principalmente porque lhe faltava pouco tempo para deixar a UK. Todos já haviam comprado passagens para deixar a Inglaterra em direção à Argentina e, dentre a turma, eu seria o último a deixar o país. Mas, como dizem as escrituras sagradas: "após a tempestade, vem a bonança" (Sl, 61:10).

Realmente aconteceu o que mais temíamos: uma separação. Esta veio a acontecer quando já havia chegado mais um amigo nosso de Dublin, o Chipa, que deveria ficar em Londres por mais um mês e depois seguiria viagem para a Índia com o Caio, outro amigo argentino residente em Dublin. Em meio a toda uma separação, Chipa chega para mim e diz:

— *Claudiño, pase lo que pase, nosotros vamos a estar juntos. Vale?*

Todos voltaram à Argentina e eu fiquei com Chipa e Caio dividindo um estúdio em *Seven Sister*, zona três de Londres, um bairro negro de maioria estrangeira. Posso afirmar que foi uma experiência única. Primeiro, por morar longe do centro num estúdio em condições precárias. Segundo, por não haver mais aquele aglomerado de gente com o qual estávamos acostumados. ·

O estúdio ocupava o último andar de uma casa estilo vitoriano, construída no início do século XIX. Nós costumávamos dizer que não sabíamos onde se fazia mais frio: se na rua ou dentro de casa. O sistema de aquecimento era péssimo, pois era um aparelho movido a um botijão de gás e, após ligado, exalava, durante à noite, um odor o qual provocava fortes dores de cabeça e o perigo de incêndio era constante. A banheira era daquelas feitas para crianças na qual só se banhava sentado ou de cócoras, porque, para se banhar em pé, era um verdadeiro malabarismo, sem falar na falta de água quente. Muitas vezes, tínhamos de esquentar água no fogo para depois fazer aquela limpeza básica. O teto da casa era segurado por fita isolante. Além disso, o momento mais hilário se dava na hora de dormir, já que eu sempre levava a melhor até certa hora, porque Chipa e Caio trabalhavam de *Rickshaw*, durante a noite, profissão muito popular na Índia. Por eu sempre estar em casa a partir das 22h, tinha o direito de dormir onde e como queria, visto que só havia uma cama dividida pelos três. A discussão maior era quem ficaria na ponta da cama junto à parede, porque, no período da madrugada, poderia chegar a -4° C. Para evitar discussão, chegamos ao consenso do rodízio, ou seja, um dia para cada um.

Caio era daqueles que não hesitava em manifestar seus sentimentos, verdadeiro ao extremo, devido a toda a sua experiência de vida. Passava horas falando dos amigos deixados em Corrientes, nordeste da Argentina, quanto dos amigos de Dublin, na Irlanda do Norte. Já Chipa era aquele tipo sedento por liberdade e conhecimento, podia passar horas escutando e lendo algo que, para outras pessoas, podia ser simples "besteirol", porém, para ele, na mais simples conversa sempre se podia tirar algo de proveitoso. O mais importante de toda essa curta experiência foi a convivência com mais esses dois integrantes da Família Caledônia e a vivência, de perto, no outro lado de Londres: o desconhecido dos turistas, longe do glamour e escândalos da realeza britânica que preenchem as primeiras páginas de jornais internacionais.

3.10 ESCÓCIA: O ÓDIO ENRUSTIDO

Capital: Edimburgo
Língua oficial: Inglês Britânico
Governo: Monarquia Parlamentar
População: 5.062.011
Moeda: Libra Esterlina

"Só se for para matar inglês", respondeu-me um vendedor em uma loja na cidade de Edimburgo.

A questão foi a seguinte: havendo eu comprado um *kilt* (essa saia típica escocesa), precisava, é claro, do restante dos acessórios para ter o traje completo. Porém, logo após a compra, percebi a falta da faca, peça pendurada na altura da panturrilha. O vendedor olhou-me e perguntou se eu era escocês. Respondi que não e perguntei-lhe o porquê. Como resposta, informou-me que podia apenas ser vendida para escoceses capazes de matar ingleses. Toda aquela agressão eu não entendia de onde partia, entretanto, por não ser tão ingênuo assim, percebi que havia um ódio dos escoceses em relação aos ingleses.

A minha primeira visita à Escócia foi em 2005, após ter conhecido um brasileiro em Recife durante o período de férias. Ele era muito amigo de um amigo meu. Aquela história de brasileiros! Bom, para ser mais preciso: nós nos conhecemos dentro do carro desse amigo às vésperas de sua viagem à Escócia. Ao dizer que eu morava na Europa há muitos anos, o meu amigo despertou o interesse de seu amigo por mais informações. Logo fui bombardeado por perguntas típicas de marinheiro de primeira viagem:

— Como devo me comportar na fronteira? O que devem perguntar os portugueses por conta de eu estar entrando via Lisboa? Devo levar dinheiro? Falaram-me que os pastores têm portas abertas, é verdade? O que vão me perguntar quando eu chegar a Edimburgo? Eles falam inglês britânico ou americano? É verdade que os portugueses tratam muito mal os brasileiros? Pô... Estou morrendo de medo!!!

Após todo esse interrogatório, não tive outra opção a não ser pedir para descer e marcarmos um encontro, um dia, na Escócia. Numa bela madrugada de primavera, estando eu em casa, por volta das 2h da manhã, toca o telefone e, sem hesitar, atendo sem ao menos saber de quem se tratava. Essas reações súbitas só conhece quem mora do outro lado do continente e é natural de países emergentes como o Brasil, ou seja, nessas horas se pensa sempre no pior: acidente, morte ou qualquer coisa do gênero. Mas, no escuro, consegui ver o código 0044. Aí pensei: quem será a essa hora e de onde é esse raio de código? A voz soou clara e quase inaudível. Tive a impressão de que a pessoa não queria ser notada ou estava ligando às escondidas. Era o amigo de meu amigo:

— Cláudio, tudo bem? Sou o Richarles, do Recife, o amigo do seu amigo. Lembra?

— Sim, lembro. Aconteceu alguma coisa?

— Você pode me voltar essa ligação?

Ao voltar a ligação, já fui logo informado sobre a saudade dele do Brasil e, por conta disso, estava sofrendo de depressão, sem saber se poderia suportar por mais tempo a vida na Escócia. Isso eu entendi! Só não pude entender como a depressão se deu tão rapidamente, naquele caso. O garoto havia chegado fazia apenas três meses e já pensava em voltar ao Brasil. Pensei: talvez fosse falta da família ou de algum falante de língua portuguesa, por não ter amigos brasileiros por lá. No final da conversa, perguntou-me quando poderia aparecer por Edimburgo. Falei que na semana vindoura seria possível, pois eu estaria de férias durante cinco dias. Bom, ficamos de nos encontrar numa semana na capital escocesa. Um dia antes da minha viagem, liguei para confirmar o horário de chegada. Até o momento, tudo perfeito, porque ele me falou de sua estadia no aeroporto. Tudo bem, mas eu deveria tomar um coletivo o qual me deixaria no centro de Edimburgo, local do encontro.

O meu voo faria uma conexão em Frankfurt. Vinte minutos antes do embarque, ele me liga para me informar que não poderia estar no local marcado pelo fato de precisar alongar seu expediente de trabalho. Então, notei que havia algo de errado, porém continuei na investida, porque eu também queria conhecer a Escócia.

Após 1 hora e 20 minutos de voo, estava eu na capital escocesa conforme combinado. Isso foi possível, porque tomei um ônibus o qual me deixou no centro de Edimburgo. A cidade é conhecida pelo Castelo de Edimburgo — construído sob rocha de origem vulcânica — e pelo festival de três semanas no mês de agosto. O centro histórico divide-se em duas grandes áreas verdes chamadas de *Princes Street Gardens*, construídas em 1516, ao lado norte onde se localiza a *New Town* e vários outros apetrechos de uma cidade moderna, como comerciantes, banqueiros e profissionais liberais, além da conhecida *St. Georges Square*, ao sul a *Old Town* e, do outro, a Catedral Saint Gilles e o Museu Real da Escócia.

Mesmo hospedado na parte velha da cidade, as badalações noturnas acontecem na parte nova da cidade. Sem compromisso, saio e entro de bar em bar, onde tomava uma cerveja aqui, outra ali, até encontrar um *pub* a parecer mais com a Escócia. Por volta das 20h, deparo-me com um *pub* onde havia pouca gente, mas de maioria embriagada e a desordem tamanha, o que mostrava haver estado um aglomerado de gente. Entro, sento e peço uma cerveja. A garçonete olha-me com um ar meio torpe enquanto tira a cerveja do barril. Seu olhar era de quem nunca havia visto um mestiço de cabelo *dreadlock*. Alguns escoceses, ainda sentados próximos ao balcão, olham para trás enquanto pedi uma cerveja e, além disso, sussurram algumas palavras meio incompreensíveis. O mais ousado deles pergunta de onde venho e afirma que a minha cerveja é bebida feminina, vindo a perguntar-me se aceitaria uma escocesa masculina, porque os homens escoceses tomam cervejas mais fortes.

A conversa na barra do bar foi rolando quase em tom de briga. Não pelos escoceses serem grosseiros ou mal-educados, mas sim por aquela ser a sua forma de se portar. John, um senhor de aproximadamente 65 anos, falou-me da morte de seu pai na 2ª Guerra Mundial na cidade de Berlim, sendo os culpados tanto alemães quanto ingleses. Tentei evitar a conversa, por já saber das ocorrências possíveis. Apesar de tudo, o senhor prosseguiu afirmando que era dos ingleses a culpa da miséria hoje vivida pela maioria dos escoceses.

— Eles destruíram quase toda a nossa floresta, além disso, mataram nossos homens em nome de uma guerra cujos benefícios eram para eles mesmos. Atualmente, vivemos em paz, mas não esquecemos o quanto sofremos por causa deles (os ingleses).

Essa conversa foi interrompida por um brasileiro que estava sentado na ponta do balcão, pois este já havia percebido a minha entrada, porém não sabia, na verdade, de onde eu vinha.

Sandro, um mineiro de origem alemã-sueca, que vive em Edimburgo, precisamente há quase dois anos, explicou-me melhor de onde vinha tanto ódio dos escoceses em relação aos ingleses:

— Na realidade, Cláudio, existem temas que, todavia, são tabus na Escócia. Guerra, por exemplo, é um deles. Um grande conflito pode ser gerado se você confundir um escocês com um inglês. É caso de morte. Se viajares pela Escócia, vais perceber a quase não existência de árvores neste país, por haverem sido destruídas antes mesmo da 1ª e 2ª Guerras Mundiais para se construir navios ingleses. A arrogância e a prepotência dos ingleses, colocando-se sempre à frente de qualquer nação, também é um incômodo tanto para irlandeses, quanto para escoceses. Daí advém o ódio dos escoceses pelos ingleses!

Apesar de tudo, o que me chamou a atenção na Escócia foi a hospitalidade. Eles fazem questão de mostrar quem são, sem esconder nem mesmo a rudeza na fala e nos gestos. Para quem conhece os ingleses, percebe muito rápido um escocês pela sua veracidade, seja ele de Edimburgo, Glasgow ou de outras cidadezinhas da redondeza. Até mesmo os brasileiros residentes na Escócia parecem ter aprendido a lei da humildade com o país acolhedor (exceto o Richarles). Com o Sandro, dois dedos de conversa foi o suficiente para me convidar a ir à sua casa e deixar o hostel, onde já estava pago até ao fim de minha estadia. Atualmente, Sandro vive em Kabul, no Afeganistão, com sua família, local pretendido para passar minhas próximas férias.

Edimburgo, mesmo sendo a capital da Escócia e menor que Glasgow, é uma das cidades mais culturais do Reino Unido. Entretanto, muita gente ainda não sabe que ela é hoje considerada a Londres da Escócia, devido à alta qualidade de música produzida por lá. Sem falar nos aluguéis que chegam a um preço tão exorbitante na Inglaterra a ponto de muitos artistas fugirem para Glasgow, por ser essa cidade mais jovem que Londres e o rancor pesado ainda sentido na capital escocesa haver dado lugar às manifestações culturais de Glasgow, convencendo muitos londrinos a mudar seus endereços.

3.11 ÁUSTRIA: LESTE OU OESTE, DE QUE LADO FICAR?

Capital: Viena
Língua oficial: Alemão
Governo: República
População: 8.200.691
Moeda: Euro

A Áustria é aquele tipo de país, a meu ver, difícil de se explicar por não o entender bem, ou seja, ele é meio leste/oeste. Com isso, quero dizer o quanto é perceptível uma tendência muito forte tanto leste quanto oeste europeia. Creio ser isso consequência de sua posição geográfica. A Áustria está localizada na Europa Central, limitada ao norte e a oeste da Alemanha, ao norte da República Checa, a leste da Eslovênia e Hungria, ao sul da Eslovênia e Itália, assim como a oeste da Suíça e Liechtenstein. Já perdi as contas de quantos países circulam a Áustria. Já imaginou o emaranhado de influência a circundar esse país? Sem falar na grande quantidade de estrangeiros como turcos, árabes e ex-iugoslavos!

Pois bem! A influência do leste europeu ainda é muito forte por lá. Digo isso por haver estado pela primeira vez nesse país em 1999, quando morava no norte da Alemanha, na cidade de Lübeck, antiga rota do sal. Na época, eu era amigo de uma finlandesa que trabalhava como caminhoneira e sempre me oferecia carona, a fim de que pudesse visitar alguns países europeus no período das férias. Ela, por ter algumas cargas a serem descarregadas na cidade de Innsbruck, região do Tirol, o coração dos Alpes austríaco, localizada a oeste da Áustria, sempre me contava histórias dessa região. Aproveitando a carona e o tempo livre, resolvi seguir viagem na boleia de uma carreta. Nisto, tive a oportunidade de visitar não só essa cidade, mas também outras como Salzburgo e a capital Viena.

Jani, minha amiga carreteira, dizia que o turista só visita a Áustria por dois motivos, ou ele é muito apreciador da música clássica ou é praticante de esportes invernais. Fora isso, esqueça!

Não concordo com essa afirmativa, pois a Áustria tem atrações tanto arquitetônicas quanto naturais a serem apreciadas por qualquer turista com um pouco mais de tempo. Comecei visitando Innsbruck, por ficar mais próxima da Alemanha e ser uma das rotas mais conhecidas do inverno austríaco. O mais impressionante da visita foi o passeio de bondinho para o topo do monte *Hafelekar* pela sua visão panorâmica. Ainda nessa cidade, pude visitar a igreja imperial construída como um mausoléu para o imperador Maximiliano I. Em matéria de gente famosa, a Áustria possui nomes conhecidos desde a música, como Wolfgang Amadeus Mozart e Johann Strauß; na poesia, como Peter Rosegger; na política, como Arnald Schwarzenegger; na psicanálise, como Sigmund Freud; e terminando com o ex-corredor de Fórmula 1, Niki Lauda.

Porém, a arquitetura foi o que mais chamou a atenção dos estudantes Rodrigues. Um casal mexicano encantado pela arquitetura barroca na cidade de Salzburgo. Por isso, resolveram vir à Áustria por um período de quatro anos fazer um pós-doutorado. Conheci esse casal em uma viagem de trem da cidade de Innsbruck para Salzburgo.

— O país é realmente lindo — dizia ele.

— Nós tivemos muita sorte de encontrar um pequeno apartamento bem próximo à Igreja do Colegiado. Você conhece? — Perguntou-me o senhor. Eu falei que não.

— Mas o senhor sabe que Salzburgo é a terra natal do Mozart?

— Sim, isto eu sei.

— Pois a cidade homenageia o compositor com um museu e com o grande festival de música do verão. Por falar em arquitetura, a Igreja do Colegiado é um expressivo exemplo pelo seu estilo barroco.

Bem, seguimos viagem. Ao passar por vilarejos, o estudante de arquitetura sempre fazia o seu comentário, mostrando os mínimos detalhes de qualquer igreja ou palácio por onde passávamos. Chegando a Salzburgo, impressionei-me com a beleza. Além disso, fiquei em uma pousada no centro, próximo ao mercado popular, uma verdadeira obra de arte e ponto certo para qualquer turista a desembarcar nessa cidade.

O mais interessante dessa viagem foi outro casal com quem precisei dividir um quarto. Eles também tinham acabado de chegar da Bósnia e Herzegovina e me contavam a aventura de sair de um país em guerra e tentar entrar em outro ilegalmente. Foi justamente esse o ocorrido. Eles entraram na Áustria contra a lei e buscavam trabalho para poder pagar os custos da viagem e o autossustento, por agora estar em um país bem mais caro do que o vivido. Mas seu desejo mesmo era chegar até a Alemanha, por acreditarem que a Áustria já estava saturada de tantos ex-iugoslavos, o que seria muito fácil de serem identificados. Caso isso acontecesse, seriam deportados de imediato, como tantos outros compatriotas.

O bósnio Sary M. estava sempre em busca de informação sobre a vida na Alemanha. Ele dizia-me que a família tinha ido morar em Düsseldorf, porém não arriscava pedir ajuda pelo fato de que, há muito tempo, tentou entrar na Europa e nunca havia sido correspondido. Segundo informações de sua mulher, o fato foi que já era a sua terceira tentativa de entrada na UE, vindo, em consequência, da sua prisão na fronteira com a Alemanha, dentro da mala de um carro conduzido, na época, por um romeno possuidor de um visto de permanência.

— Pois é! Arriscar seria muita burrice! Isto por conta de os alemães me falarem da não possibilidade de eu cruzar mais a fronteira num período de cinco anos.

À noite, após chegarem da limpeza feita em um restaurante indiano, chamaram-me para conversar. Declararam ser o meu alemão mais claro do que o dos austríacos. E interessava-lhes muito saber sempre algo sobre a América Latina, mesmo o bate-papo girando em torno da Alemanha. Em uma noite de conversa, pergunto-lhe onde aprendeu a falar tão bem o alemão. Ele respondeu-me, em seu alemão quase fluente, haver tudo começado com o seu avô, o qual havia ajudado Hitler na 2ª Guerra Mundial contra o império otomano e havia aprendido um pouco da língua germânica no período da escola. Bom, a sua resposta não me convenceu pelo fato de, vez por outra, sempre me soltar algumas expressões idiomáticas utilizadas no norte da Alemanha e usuais apenas por quem realmente tivesse vivido ali. Eram expressões novas e usadas recentemente. Nas conversas, eram empregadas palavras como *"halt"*, *"so"*, *"also"* e *"mal"*, cujas colocações corretas só seriam possíveis se o indivíduo conhecesse bem a gramática e tivesse o domínio da língua coloquial.

A minha ida à Viena lhe pegou de surpresa. Ao amanhecer, domingo, após o café da manhã, informei-lhe que estava deixando Salzburgo em direção à capital, pois era lá onde eu deveria me encontrar com Jani e seguir viagem para Lübeck.

Atualmente, por ter vivido mais de uma década na Alemanha e ter conhecido de perto muitos ex-iugoslavos, principalmente os chegados no início do ano 2000, ou seja, refugiados da guerra, percebi que já havia passado a maioria dos homens pela Alemanha, de uma forma ou de outra. De acordo com alguns amigos de familiares naquela região, muitos bósnios haviam cometido crimes em território alemão e foram obrigados a voltar para casa mesmo sem ter cumprido a pena no país onde o crime foi cometido. Porém, não posso afirmar com exatidão que esse é o caso do senhor Sary M. Mas é quase impossível alguém falar tão bem um idioma como o alemão só frequentando uma escola arrasada pela guerra e ainda em uma região onde idiomas são quase como cafés árabes: em toda esquina há um, ou melhor, em toda esquina se fala um idioma diferente.

3.12 DINAMARCA: UM PEDACINHO DO CÉU

Capital: Copenhagen
Língua oficial: Dinamarquês
Governo: Monarquia Constitucional
População: 5.475.791
Moeda: Coroa Dinamarquesa

No Brasil, escuta-se dizer com frequência que o inferno é aqui. A generalização dessa expressão virou ditado popular. Principalmente, quando se leva em consideração os dados estatísticos da violência sobre cidades como Recife, Salvador, Rio de Janeiro e São Paulo, os quais se tornaram, para os brasileiros, verdadeiros crematórios. Mas a generalização do dito popular ultrapassa as fronteiras brasileiras. Chega-se à conclusão de que o inferno para eles é mesmo ainda em vida, ou seja, o indivíduo, mesmo estando vivo, já está vivendo literalmente num inferno. Porém, será isso assim mesmo? Qual o pensamento dos outros povos que vivem em pleno céu? E para alguns brasileiros residentes em outros países, a visão do inferno não passa de um pesadelo brasileiro ou de algumas mazelas vividas por países pobres?

A Dinamarca, de acordo com estudos feitos pela União Europeia, em [2022][1], é o país mais jovem e feliz do bloco, ou seja, não se pode dizer o quanto os dinamarqueses vivem num inferno, tornando possível a tese levantada pelos brasileiros que é agora derrubada por estes. Para constatar esse fato, não basta ir muito longe. É necessário apenas alugar uma bicicleta, ou quem sabe pegar uma jogada nos parques do centro de Copenhagen, sair pedalando e ver o sorriso estampado no rosto dos ex-*vikings*. Estará essa felicidade dos dinamarqueses relacionada ao seu passado de glória?

Após o século XI, os dinamarqueses ficaram conhecidos como *"vikings"*, vindo, portanto, a colonizarem, invadirem e negociarem com toda a Europa. Em vários momentos da história, a Dinamarca controlou atuais potências mundiais, como Inglaterra, Noruega, Suécia, Islândia, parte das Ilhas Virgens da costa báltica, agora norte da Alemanha. Com o desenrolar da história, a Dinamarca já passou por várias guerras, lutas e invasões. Já foi grande, pequena, rica e pobre. Para se ter noção, Copenhagen, a atual capital, antigamente chamada Copenhaga, sofreu vários ataques da liga hanseática, comandada pelos alemães em 1254. Entre 1658 e 1659, a capital dinamarquesa foi cercada pelos suecos. Em 1801, travou grandes batalhas contra uma frota britânica, vindo, seis anos depois, a ser bombardeada pelos mesmos britânicos. Já em 1864, a Dinamarca foi obrigada a devolver Schleswig-Holstein à Prússia, derrota essa até hoje sentida pelos dinamarqueses. Então, a tese de que os dinamarqueses são alegres pelo seu passado de glória não tem base, pois também sobreviveram ao seu "inferno" na terra e hoje gozam uma recompensa celestial.

Para o meu amigo dinamarquês, Ole P. B., não há melhor lugar no mundo para se viver que não seja a Dinamarca. Para ele, os dinamarqueses são felizes por terem formado uma sociedade justa onde todos os cidadãos, sejam eles *"vikings"* ou estrangeiros, sempre terão o direito de levar uma

---

[1] Ver index [*S.l.*], [2022], [online]. disponível em: https://www.oecdbetterlifeindex.org/de/countries/denmark-de/. OECD Better Life Index. Acesso em: 9 abr. 2022.

vida digna na qual os Direitos Humanos ainda são levados a sério. Fato que, no lado de cá, vamos ter de andar driblando os "bichinhos", isto é, se não quisermos ser queimados vivos.

O grande exemplo de uma sociedade justa, para Ole, é haver dentro de uma cidade como a de Copenhagen uma semelhante comunidade livre como a *Christiania House*, local onde ele nasceu e cresceu. Esse local foi uma base militar abandonada, ocupada por hippies, artistas, músicos e anarquistas, no ano de 1971. Esse bairro é uma forma de sociedade independente e autossugestionada, atualmente contando com infinidades de atrações artísticas, uma intensa vida cultural, escolas, várias obras sociais financiadas pelo governo e jardim da infância onde as crianças passam o maior tempo do dia. Essa invasão foi organizada por vários moradores de cidades grandes dinamarquesas, os quais, não estando satisfeitos com o sistema de governo vigente na época, resolveram formar sua própria sociedade. Em minhas caminhadas com o Ole pelo lado velho do porto, ia-me sendo mostrado com orgulho um crescente número de edifícios em construções com arquiteturas modernas. Era-me falado, ainda, que aquelas construções eram para cidadãos prestes a completar 16 anos ou com pretensão para cursar alguma faculdade, tendo eles o direito à moradia. Outro fator observado pelas autoridades dinamarquesas e enfatizado por Ole era o crescente número de estrangeiros querendo entrar na Dinamarca. Esse número é decorrente da crise econômica que atingiu países como a Alemanha e França, fazendo, assim, mudar a cara de bairros como o Amager, hoje já em destaque pelo crescente número de estrangeiros.

Para a brasileira Risoleta S., moradora em Copenhagen há dois anos, após ter passado o mesmo tempo na Itália e 18 anos na Alemanha, afirma que a expressão utilizada pelos seus compatriotas condiz com a realidade brasileira. Não se pode generalizar, pois, segundo ela, pois a Dinamarca pode ser considerada um pedacinho do Céu. Enfim, para conhecer esse tão sonhado Jardim do Éden na Terra, resolvemos sair em uma sexta-feira, à meia-noite, depois de termos tomado algumas cervejas em casa para o passeio não sair tão caro. Assim, agarramo-nos às primeiras bicicletas já próximas a nossa residência. O nosso objetivo era ver como se comportariam os dinamarqueses.

Antes de chegarmos à discoteca, onde pretendíamos passar a noite, demos logo uma passadinha pela tão sonhada e frequentada *Christiania House*. A impressão é que toda a Copenhagen consome, nem que seja um baseado de maconha por dia. Era impressionante a quantidade de gente dentro daquela vila em busca de drogas e, mais ainda, a quantidade encontrada. Bom, para não sair do nosso roteiro, fizemos como muitos dinamarqueses, os quais compram e consomem ali mesmo no local ou saem fumando em sua caminhada. Por estarmos de *bike*, resolvemos fazer isso ali mesmo, aproveitando o som de uma boa música e a companhia de dois casais jovens logo interessados em saber de onde vínhamos:

— De onde são vocês?

— Nós somos do Brasil, porém moro aqui há dois anos. O Cláudio mora em Londres.

— E para onde vão depois?

— Para o centro. E vocês?

— Também ao centro. Só que primeiro vamos a uma festa na casa de um amigo aqui em Amager, se quiserem, podem nos acompanhar.

Sem perceber, já estávamos no carro e, em seguida, na festa. Assim funciona Copenhagen! O casal com quem passei boa parte da noite conversando me explicava que essa abertura é uma característica do povo dinamarquês. Após algumas bebidas e bate-papo, resolvemos ir à discoteca localizada do outro lado da cidade. Risoleta, estampando um sorriso no rosto, não perdia uma oportunidade para explicar-me como funcionava a sociedade onde ela estava vivendo.

— Vê como são diferentes dos alemães? Desde quando, na Alemanha, um alemão iria te convidar para ir a uma festa sem antes te conhecer? Eu daqui só saio direto para o Brasil e se for para viver bem, caso contrário, morro aqui. Isto porque ainda não voltamos a pé para casa. Você vai ver hoje quando voltarmos. Faço questão de te mostrar a tranquilidade em viver nesta cidade.

Ela tinha razão! Realmente, há uma grande diferença entre alemães e dinamarqueses, já sendo percebida no próprio idioma. O Ole não podia entender o porquê de, na Alemanha, sempre precisarmos tratar qualquer pessoa de "senhor" ou "senhora", enquanto, na Dinamarca, se trata por "você" e, nem por isso, o respeito é menor ou maior.

Após uma noite em uma discoteca dinamarquesa, voltamos para casa de *bike*, bem como a maioria dos jovens que estavam lá. Na frente da discoteca, havia um emaranhado de bicicletas. Quem não tinha a sua, precisaria dar o seu jeito para chegar em casa, porque carro é um caso raro. São poucos os dinamarqueses que saem de carro no final de semana quando o desejo maior é se divertir. Assim, não estou seguro se havia alguma loja de aluguéis de *bike* aberta naquela hora.

Há um simples fato que merece relevância: quando entramos em uma loja de conveniência às 5h para comprarmos cigarro e uma garrafa de vinho branco, um garoto de aproximadamente 16 anos abriu um sorriso e perguntou de onde éramos. Caso raro para quem está acostumado com a grosseria de outros povos europeus, principalmente em se tratando de dois estrangeiros embriagados. Ao final da compra, agradeceu-nos e nos desejou um bom final de semana. Saímos por ali pedalando e contando histórias da época em que morávamos na Alemanha.

Para quem vive em Londres, como era o meu caso, ou no Brasil, onde estou hoje passando uma estadia, realmente a minha amiga, Risoleta, tinha razão: Copenhagen é mesmo um pedacinho do céu!

3.13 SUÉCIA: SOMOS NÓRDICOS...

Capital: Estocolmo
Língua oficial: Sueco
Governo: Monarquia Constitucional
População: 9.060.430
Moeda: Coroa Sueca

De acordo com Greta Garbo, uma das atrizes mais famosas da Suécia, é em Estocolmo onde se esconde a pedra preciosa da Escandinávia. Segundo os suecos, essa referência foi feita por ela acreditar que, entre as capitais nórdicas — Oslo, Copenhagen, Helsinki, Estocolmo e Reykjavík —, seria a capital sueca a de maior destaque por sua beleza. Realmente, a atriz tinha seus motivos para tal afirmação. Creio que ela se baseou no fato de Estocolmo ter sido construída sobre 14 ilhas e interligada por 53 pontes. Bom, por eu não conhecer pessoalmente uma dessas capitais, não posso concordar em gênero e número com a atriz, porém posso assegurar que, em matéria de música e literatura, a capital sueca supera uma pedra preciosa, ou seja, é uma verdadeira Serra Pelada, como se diria no Brasil. Apesar de o país ser uma verdadeira fábrica de Heavy Metal, Pop e Rock, foi com o grupo ABBA que se tornou conhecido mundialmente. Já na literatura, a Suécia também não deixa a desejar, sendo considerado o terceiro país com maior número de vencedores de prêmio Nobel nessa área.

Fora as belezas naturais compostas por ilhas, mares e as montanhas inexploráveis do norte, o que me levou a conhecer mais esse país foi a relação Brasil-Suécia, passada pela Rainha Sílvia. Além disso, por passar sempre uma parte de minhas férias em Copenhagen, cidade interligada pela ponte Öresund à cidade de Malmö, localizada no sul da Suécia. Outra forma de ligação entre as duas cidades é a quantidade de balsas que partem com frequência, aumentando a relação entre os dois países. Malmö é uma cidade muito antiga e ostenta ruínas da Idade Média. Ela é também considerada a porta para Skäne, região dos castelos suecos. As atrações mais visitadas nessa cidade são a fortaleza de Malmöhus, o edifício da Câmara Municipal e a igreja gótica de São Pedro, construída no século XIV.

Ainda quando morava na Suíça, vi um documentário na TV sobre a vida da rainha Sílvia, da Suécia, boa falante do português brasileiro. Passando a viver na Alemanha, vi outro documentário sobre ela, a qual também falava perfeitamente o alemão. A curiosidade despertada quando eu ainda morava na Suíça só cresceu, por saber que, além de ela ter nascido na Alemanha, na cidade de Heidelberg, também havia vivido durante 10 anos no estado de São Paulo, quando adolescente. A pergunta agora é a seguinte: o que levou a família da atual rainha da Suécia a imigrar para o Brasil? Segundo Knopp e Sporn (2006), a rainha Silvia é filha de um ex-empresário alemão e uma brasileira de origem espanhola e portuguesa. A sua vinda para o Brasil foi decorrente da 2ª Guerra Mundial, na qual o seu pai, ativista do partido nazista, foi obrigado a deixar o país em direção ao além-mar. Foi então que comecei a entender melhor essa relação Brasil-Suécia.

Porém, para entender melhor um país, uma cidade ou um povo, deve-se atirar no íntimo dessa sociedade, mas não se esquecendo de que estamos tratando de um país nórdico, onde, no norte do país, na temporada de inverno, não se vê a luz do dia, ou seja, é inverno 24 horas. O mesmo acontece na temporada de verão: não se pode ver a escuridão, isto é, o dia parece nunca ter fim. Para uma latina não acostumada com essas diferenças climáticas, o resultado é mesmo uma depressão profunda, pelo menos é o que me confidenciou a colombiana Julia H., nascida e crescida na região do Caribe. Julia chegou na Suécia por meio de um intercâmbio no condado de Jämatland, cidade de Östersund, localizada no centro do país, próxima à fronteira da Noruega. Ela afirmou não ter conhecimento do clima. E, ainda, sabia apenas do frio extremo predominante. Mas, por ela já haver enfrentado o frio de Madri, imaginava ser mais ou menos similar. Infelizmente, se deu mal!

— O meu primeiro obstáculo enfrentado lá em Östersund foram as temperaturas baixas. O clima da Suécia é aquele estilo continental. No inverno, o mar Báltico gela frequentemente, tornando a costa leste bem mais fria que a oeste, além de não adiantar dizer que o verão é quente. Isto é mentira! Os verões são frios em todo o país, com poucas variações de temperatura do norte para o sul, ocasionando, assim, um número muito alto de depressivos entre a população local e estrangeira habitante nesse país. Eu, pessoalmente, já vivo lá há dois anos e não posso afirmar estar acostumada com aquilo, porém fiz do frio o meu melhor amigo para alcançar os meus objetivos: melhorar o idioma e terminar a minha tese de doutorado. Mas nem tudo é tão ruim assim! Eu, por ser jornalista e estudar a liberdade de imprensa na Espanha comparada à da Suécia, vejo um grande avanço dos suecos em relação aos espanhóis. Na Suécia, o direito de acesso à informação e a liberdade de impressa é datado de 1766, reconhecido como um dos mais velhos do mundo. Mesmo assim, não vejo a hora de poder voltar definitivamente à Espanha, local onde escolhi para viver, pois o sol da Suécia é mais ou menos como luz de geladeira: clareia, mas não esquenta!

Já Rodrigo, um brasileiro de São Paulo residente na capital sueca há oito anos, foi parar no norte embalado pelo sonho de mudar de vida. Segundo ele, esse sonho está cada vez mais longe de ser alcançado. Hoje, trabalhando num quiosque à beira do lago Mälaren, conseguiu o suficiente para pagar as contas, manter-se em Estocolmo e viajar ao Brasil de três em três anos.

— Este é o sonho de muitos brasileiros, Cláudio! Um dia viver na Europa ou até pior! Para tanto, o mais importante é viver mesmo fora das fronteiras brasileiras, independentemente do país. Não sabendo eles o quanto é ilusório! Eu não conheço nenhum estrangeiro residente aqui que tenha se tornado rico e tão pouco sueco. Ou eles já são ricos, ou se tornam ricos após a morte dos pais. Mas, rico, rico, só de trabalho! Isso você esqueça! Ao contrário, o que eu conheço aqui é gente sem condições financeiras de tomar um avião para ver a própria família enganando, portanto, a si mesmo ao declarar que não voltaria ao Brasil pelo fato da segurança. Eu lamento, hoje, por não ter tido a melhor chance que a mim foi oferecida aqui na Suécia: entrar para a faculdade de Administração. Atualmente, poderia estar voltando ao Brasil sem dinheiro, porém, com um diploma na bolsa. Assim, poderia ao menos buscar algo novo em São Paulo.

Os países do norte estão cheios de depoimentos como o de Rodrigo. Na realidade, são latinos, africanos, asiáticos e, até mesmo, pobres europeus inseridos na corrida por uma vida melhor em países nórdicos. É interessante lembrar o quanto muitos se esquecem da dureza da vida, principalmente quando estão em outros países, conforme declara Julia, da Colômbia, e Rodrigo, de São Paulo. Não esquecendo que a vivência como estrangeiro em países nórdicos e a submissão aos subempregos, muitas vezes, torna-se uma opção de vida. Mas o que pesa mesmo na hora de decidir se volta ou não ao país de origem são os Direitos Humanos nesses países. Isso, porque você, mesmo vivendo ilegalmente, tem, muitas vezes, mais direito que um cidadão, cujos impostos são pagos em dia em países sul-americanos, africanos, asiáticos ou países europeus pobres.

3.14 ALEMANHA: *KOFFER VOLLE HOFFNUNG* (MALA CHEIA DE ESPERANÇA)

Capital: Berlim
Língua oficial: Alemão
Governo: República Federal
População: 82.438.00
Moeda: Euro

— Ah não, Alemanha! Não foi lá onde houve todas aquelas guerras?

— Ah! Para as bandas de lá, onde o povo vive tudo se matando!

— Não foi lá onde mataram muitos judeus?

— Só judeus? Eles matavam os homens sem olhos azuis, cabelos loiros e dois metros de altura. Tu não viste naquele filme?!

— É, tem razão. Eles foram até à Rússia.

— Deus me livre! Eu já soube o quanto não suportam pretos e estrangeiros. Veja se notas esse tipo de gente por lá?

— Eu não ia viver num lugar desses. Nem que chovesse ouro em pó.

— Esse povo tem uma invenção!

— Você não vê! De vez em quando se mostra na televisão a morte de Fulano ou Ciclano para os lados de lá.

— Vê se a filha de Dona Maria voltou mais!

— Quem sabe o que aconteceu?

— Só Deus sabe!

Esse foi o diálogo de um casal dentro de um vagão de trem em Lisboa. É o típico comentário de gente sem conhecimento da Alemanha, seja na Europa, Ásia, África ou América. Infelizmente, a Alemanha, na mente de muita gente, ainda continua manchada pelas atrocidades vividas no período da 2ª Guerra Mundial. O nome "Alemanha", para muitas dessas pessoas, ainda assusta e está relacionado ao passado do nazismo hitleriano, aos assassinos de judeus, invasores de terrenos alheios como França, Polônia, Dinamarca, Itália e tantos outros, ao preconceito racial e aos matadores de crianças.

De certa forma, se olharmos para o tempo, cronologicamente falando, toda essa atrocidade ainda está bem recente, ou seja, passaram-se 77 anos desde o fim da 2ª Guerra Mundial e 74 da Fundação do Estado de Israel. As sequelas ainda não foram curadas. E, depois, a Alemanha, geograficamente falando, sempre esteve relacionada a qualquer tipo de desavença, seja ela territorial ou mesmo religiosa.

A Alemanha foi palco de conflito entre os Luteranos do norte e os Católicos do sul, resultando, assim, em uma reforma protestante com Martinho Lutero. Essa parte da Europa, atualmente conhecida como Alemanha, foi documentada pela primeira vez 100 d. C. Depois, passando pelo Sacro Romano no século X. Só em 1871, durante a guerra franco-prussiana, ocorre a supremacia do Reino da Prússia e a criação do Estado Nação. A partir daí, a Alemanha torna-se uma nação unificada, que, depois da 1ª Guerra Mundial, viria a se transformar em uma República (De Weimar). Porém, essa mesma Alemanha, foi mais uma vez dilacerada e dividida após a 2ª Guerra Mundial, passando a ser, mais uma vez, unificada só em 1990, passando de Estado Alemão à República Federativa Parlamentar, com 16 estados federais e contando com mais de 83 milhões de habitantes. Esse país tenta, a todo custo, deixar de lado, um pouco, a sua história — não quero aconselhar esquecer ou apagar — para continuar lutando por um futuro, o qual, de acordo com o seu presente, deve ser brilhante.

A Alemanha é o segundo maior país em densidade populacional da Europa, perdendo apenas para a Rússia. Ela mantém-se como a maior potência econômica do continente e a quarta do mundo, ficando atrás dos Estados Unidos da América, China e Japão. A segurança social alemã é uma das mais extensas da União Europeia, sistema este a remontar ao Governo

Bismark, na época do império alemão, nos finais do século XIX. Isso sem falar da contribuição para o Patrimônio Cultural da Humanidade na área da Ciência e Cultura, na qual a Alemanha vem desenvolvendo. A Germânia, como também pode ser chamada, é considerada o centro da ciência na Europa. Ela foi e continua sendo um celeiro de pesquisadores importantes, como Albert Einstein e Max Planck, conhecidos como formadores da base da física moderna. Já Wilhelm Wundt, contribuiu para que a psicologia fosse aceita como uma ciência independente. Isso sem falar em um dos alemães mais conhecidos, Karl Marx, o revolucionador da economia e sociologia, assim como Alexander Humboldt, cientista natural e pesquisador da biogeografia a deixar seu nome gravado na Universidade de Berlim.

Não é em vão o invejável título tido pelo país: *Das Land der Dichter und Denker* (país dos poetas e pensadores). Foi em suas terras que nasceram o compositor Ludwig Von Beethoven e o pai da língua alemã, o escritor Johann Wolfgang von Goethe. Fora os personagens históricos, os quais, de uma forma ou de outra, estiveram ligados à cultura alemã: Franz Kafka, Amadeus Mozart, Emmanuel Kannt etc. Atualmente, um dos grandes orgulhos desse país é a divulgação de sua língua: carro-chefe da sustentabilidade da união de um povo. Por meio da língua, o povo alemão sente-se unido, sem falar que esta, hoje, desperta interesse em todo o mundo. O governo alemão tem investido muito na educação para atrair estudantes estrangeiros, porém o domínio da língua é a única forma de concorrer a uma vaga em uma universidade alemã.

Foi o idioma alemão o elemento atrativo para mim há muitos anos, quando ainda criança. Eu não podia entender como aquela gente tão branca podia falar uma língua tão estranha. E o pior! Eu não podia entendê-la. Os anos passaram-se e a atração pela língua passou à história do país. A minha pergunta era sempre a mesma: como podia um país ter sobrevivido a duas guerras mundiais tão próximas uma da outra e, em tão pouco tempo, chegar a ser um país desenvolvido? Só havia uma resposta à minha pergunta: a força e a união do povo.

Pois, era justo esse povo que eu agora queria conhecer de perto e, se possível, reaver a chance de viver com eles. Não demorou muito a decisão de embarcar para a Europa. Seis meses após o término da faculdade, já estava eu de bilhete e malas nas mãos em direção à Alemanha. A minha primeira estadia foi na cidade de Lübeck, no norte do país, onde fixei residência durante dois anos. Nesta, conheci de perto a dor e a glória de ser estrangeiro, latino, estudante e imigrante.

Quando se chega a um país estrangeiro, é natural a busca por uma relação de afeto com sua própria nacionalidade ou com alguém falante do seu idioma. Porém, sempre escutei dos mais velhos quão melhor mesmo é buscar amizades com alguém da terra, pois só assim pode-se conseguir uma integração ou, quem sabe, até uma assimilação cultural. Levando à risca a lei da integração, escrevi-me, de imediato, em uma escola de alemão, mesmo ainda com visto de turista. Foi na *Volkshochschule* onde comecei a abrir os olhos para o mundo por conta de a Alemanha mostrar-me haver outra forma de vida com a qual se pode conviver em harmonia, mesmo pertencendo a outras etnias, crendo em outro Deus, e mesmo tendo outra cor de pele e falando outro idioma. Foi também nessa escola onde tive o privilégio de conhecer gente de países como Curdistão, Burquina Faso, Região de Cáucaso, Bósnia e Herzegovina, Israel e de ilhas como Maurício, Marshall e Seicheles. Nessa escola, deparei-me, pessoalmente, com a história a assombrar até hoje a Alemanha: a 2ª Guerra Mundial.

Também, nesse período, comecei a entender melhor o significado de ser estrangeiro e saber que, dependendo de onde se vem, tem-se um valor diferenciado. É como se a posição econômica e geográfica do seu país representasse seu passaporte e influenciasse em seu status. Pode-se ser bem ou mal tratado. Isso se percebe até mesmo entre os estrangeiros, sejam eles africanos, europeus, latinos ou asiáticos. Você sabe o que é ser turco na Alemanha? Para muita gente, ainda é sinônimo de ignorância e violência. O mesmo preconceito também é atribuído aos árabes. Já os latinos de origem hispânica não passam de parasitas do sistema, enquanto os brasileiros só servem mesmo para animar as poucas festividades de alguns dias de verão, sem contar com o estigma de prostitutas, jogadores de futebol e capoeiristas. Mas, se você pensa que o preconceito para por aí, você está muito enganado. Para muitos alemães, a Europa termina mesmo nos Pirineus. Gregos, italianos, espanhóis e portugueses só servem mesmo para puxar cabos de navios, tratá-los bem, no período do verão, em suas praias paradisíacas e, quando muito, colorir a gastronomia com seus pratos típicos do mediterrâneo. Em relação ao leste europeu, sem comentário! Mesmo com todo esse preconceito contra os estrangeiros, a Alemanha oferece um lugar ao sol cuja competência é demonstrada independentemente de raça, religião e país de origem. Enquanto em países do sul, o mais importante é o QI (Quem Indica), como é o caso do Brasil.

Enquanto na escola ia tudo muito bem, a minha luta pela sobrevivência nessa cidade era cada vez mais ferrenha. Dando aulas de português e espanhol, trabalhando em uma discoteca, conseguia salvar alguns *Marcos* (moeda alemã, antes da isenção do Euro) para a autossustentação. O difícil mesmo era a convivência com outros brasileiros. Na cidade, éramos praticamente 50 pessoas: 45 mulheres e cinco homens. Por morar com Risoleta S., mesmo estando registrado em outra casa, era normal o contato com essa nacionalidade, pois ela já morava há muito tempo por lá. Posso afirmar, ainda, quão turbulento período na Alemanha foi aquele. Primeiro, por Risoleta depender do sistema social alemão, não podendo, portanto, ter em sua casa outra pessoa, mesmo se esta estivesse só de passagem, como era o meu caso. Segundo ela, estava em processo de separação judicial com o alemão, pai de seus dois filhos. Terceiro, estava na luta pela guarda das crianças com o juizado de menores. Quarto, por eu estar com o meu visto de turista a ponto de vencer.

Os brasileiros, aproveitando toda essa situação, denunciaram-nos à justiça alemã com ligações anônimas, determinados a prejudicar Risoleta e me deportar. Após várias tentativas do governo de nos autuar em flagrante — de encontrar algo dentro de casa capaz de nos comprometer —, fomos abordados por um agente do governo quando eu chegava da escola. As perguntas eram simples, porém diretas.

— A quem pertence essa sandália? E por que as contas de água e luz estão acima dos gastos disponíveis para uma pessoa?

Como se vê, tudo lá é controlado. Após o governo ter descoberto, por meio de denúncias anônimas enviadas pelos brasileiros acerca da minha estadia com Risoleta e não na casa onde eu estava registrado, cortaram-nos água, luz, telefone, moradia e a pensão alimentícia. E, além do mais, recebemos uma carta na qual estava escrito que precisávamos devolver todo o dinheiro aplicado pelo governo no período passado por mim sobre as dependências de Risoleta. Entre idas e vindas em organizações não governamentais em busca de ajuda, resolvemos ir à organização "Cáritas". Encontramos uma brasileira do Sul do Brasil, chamada Mariza D., funcionária dessa organização. Logo de início, perguntou minha origem, a pretensão na Alemanha e se eu tinha passaporte europeu. Depois de haver escutado toda a minha história, falou-me com uma voz fria e sem remorso:

— Sinto muito, senhor. Isto aqui não é Brasil. E na minha concepção, o senhor deveria voltar ao seu país, pois os brasileiros estão acostumados a chegar aqui cheios de problemas, pensando ser a Alemanha a salvadora da pátria.

Bom, a partir daquele momento, tomei consciência de que estávamos realmente sozinhos. Ao sair da sala, logo em frente havia uma placa com a inscrição *Soziale Beratung für italienische und Deutsche Spracheger* (Conselho Social Para Falantes das Línguas Italiana e Alemã). Toquei na porta e logo fui atendido pela *Frau Büche* , uma alemã já residente no sul da Itália por mais de 15 anos. Ela também fez as mesmas perguntas que a brasileira, porém logo pediu para ver todos os documentos por mim ali dispostos. Consultados os documentos, pediu-me para voltar dois dias depois.

Em relação às contas a serem pagas pelo governo, tudo foi automaticamente reatado depois de feitas algumas ligações para o *Sozialamt* (Ministério de Assistência Social). Na data e hora marcadas, lá estava eu mais uma vez à porta da Cáritas, dessa vez mais tranquilo e com esperança de algo bom estar para acontecer. Ao chegar a minha vez, fiquei surpreso com o sorriso estampado no rosto daquela senhora:

— Sinto muito, o senhor precisará mesmo voltar ao Brasil. Não será possível transferir o seu status de turista para estudante de idiomas, e ainda que fosse possível, poderíamos transferi-lo para estudante universitário, tendo em vista ser esse o seu objetivo. Contudo, o senhor deve deixar o país com todos esses documentos e dar entrada no consulado alemão de sua cidade em um visto para estudante da língua alemã.

Após dois meses, lá estava eu de volta à Alemanha conforme o combinado. No entanto, agora com um visto de um ano para estudar a língua alemã. Dois meses antes do vencimento desse visto, já estava junto à *Frau Büche* , mais uma vez, procurando universidades para começar o meu mestrado. Foram várias idas e vindas a Cáritas, até um dia ela me falar de mais uma volta minha ao Brasil para dar entrada em um visto de estudante universitário. Perante a lei alemã, todos os vistos de caráter estudantil devem partir do país de origem do estudante. Seis semanas no Brasil e já estava eu de volta à Alemanha agora como estudante da Universidade de Hamburgo, matriculado no curso de Ciência Política Internacional e Jornalismo, perdendo, assim, o status de imigrante. Dois cursos para os alemães considerados de elite. Ou seja, uma mudança radical na minha vida. Mudamos para Hamburg, a segunda maior cidade da Alemanha, com 1.853.633 habitantes (censo de dezembro de 2021). A dificuldade agora era encontrar apartamento, pois trabalho já tínhamos. A busca por um apartamento foi difícil pelo fato de não querermos morar tão longe do centro. Ao final de seis meses, conseguimos nos instalar em Hamburg.

Início de uma nova vida: o processo de adaptação nessa cidade foi rápido, até porque eu já falava alemão e sabia me mover. Fiquei mais inseguro com a linguagem acadêmica, com sistema de ensino na Alemanha, no qual o aluno tem total liberdade de escolha (o quê e como deve ser estudado). O professor serve simplesmente de orientador, não esquecendo a monografia, de 15 a 20 páginas a ser apresentada por cada aluno ao final do semestre, isto para cada disciplina por ele escolhida. No caso dos alemães, só poderia estudar Jornalismo, como matéria principal, o aluno com nota 1 no *Abitur* (tipo de vestibular alemão) e já feito algum tipo de estágio na área jornalística de, no mínimo, seis meses. Para os estrangeiros, era quase impossível, pois os pré-requisitos eram ter cursado jornalismo no país de origem e ter o domínio total da língua alemã. Já para o curso de Ciências Políticas como segunda opção, por ter combinação com Jornalismo, seria mais fácil o ingresso para quem tinha Jornalismo como primeira opção. O início de cada semestre era uma loucura: cada um era responsável por buscar a disciplina a qual mais lhe apetecia estudar naquele período. Eu sempre buscava colocar duas de Jornalismo e duas de Política Internacional. Ao total, eu deveria escrever quatro monografias, que, para um estudante estrangeiro, era quase impossível devido ao tempo sobrado após o trabalho extrauniversitário.

Contudo, foi no âmbito universitário que me relacionei com gente do mundo inteiro. As dificuldades surgidas no período estudantil eram enormes. Também foi nesse período que comecei a viajar tanto pela Europa quanto Ásia e África. O gosto pelas viagens aumentou a partir dos amigos, os quais conheci no período da universidade. Eu, por já ter conhecimento de alguns países europeus e sul-americanos, encantava-me com a ideia de conhecer a África, Ásia e parte do leste europeu. Como dizia um amigo brasileiro, Miguel M. F.: "estudar na Alemanha é chique e dá status". Havia outra frase sempre dita por ele todas as vezes que eu chegava com um ticket na mão afirmando ir a algum país: "É, amigo, aproveita! Ainda temos o resto do ouro da Alemanha nas mãos!"

Realmente, estudar na Alemanha foi, para mim, uma experiência única. Por meio dela, conheci o mundo. Essa pequena janela, que foi estudar na Alemanha, transformou-se em uma porta gigantesca quando fui convidado pelo *Ausländerbehörde* (Polícia de Imigração), em 2003, a dar entrada em minha nacionalidade alemã. Após alguns meses de espera, passo do status de estudante para o de cidadão europeu. Esse status me abriu um novo olhar acerca da Comunidade Europeia e o mundo. A partir daquele ano, passei a fazer parte de um dos países mais poderosos do mundo e a pertencer a um grupo célebre: o dos passaportes vermelhos. Mesmo ainda matriculado na universidade como estrangeiro, consegui terminar a faculdade por meio da ajuda de Risoleta S., o *Akademische Auslandsamt* (Escritório Acadêmico Internacional) e um grupo seleto de amigos. Antes de deixar a Alemanha em direção a um novo país, procurei voltar a duas grandes cidades as quais me chamaram muito a atenção, quando aportei em terras germânicas: Lübeck e Berlim.

Lübeck é uma cidade independente, localizada no norte da Alemanha, a 40 km de Hamburg. Ela possui um dos maiores portos da Alemanha, sendo o maior do mar Báltico. Para os intelectuais dessa região, essa cidade é conhecida como a cidade onde as pedras falam. Para conhecer Lübeck, não é preciso ler nenhum livro de turismo, porque a sua história ainda continua viva e contada a cada esquina de suas vielas. O *Holstentor*, um dos monumentos mais visitados da Alemanha, é considerado a porta de entrada da cidade. Este já estampou a nota velha de 50 Marcos alemã. Essa cidade, sendo na realidade uma ilha, já foi considerada a antiga rota do sal, quando pertencia ao Estado Dinamarquês. Os armazéns guardadores do sal da época ainda podem ser vistos à beira do Lübeck-kanal. Para quem deseja reconstruir essa história, só precisa mesmo andar de olhos bem abertos e atentos às datas marcadas nas fachadas das casas. Outro aspecto responsável por deixar essa cidade imperdível é a proximidade com o mar do norte, onde ostenta praias famosas, como Travemüde, Niendorf, Timmendorf e Schabeutz, bastante invadidas, no verão, por shows, turistas escandinavos e banhistas achegados para apreciar a água gelada do mar do norte.

Já a Berlim atual (9/2022), com seus 785 anos, aproximadamente quatro milhões e meio de habitantes e seu ar jovial, não deixa nada a desejar para capitais famosas como Londres, Madri ou Paris. Essa cidade já foi capital do Reino da Prússia, Império Alemão, República de Weimar, Terceiro Reich e, após a 2ª Guerra Mundial, foi dividida em Berlim Oriental, capital da Alemanha Oriental e Ocidental, a qual continuou a fazer parte da Alemanha. Só em 1990, após a reunificação, Berlim volta a ser a capital de toda a Alemanha. Essa capital é a ostentadora de monumentos famosos, como o Reichstag ou Bundestag, como deve ser politicamente chamado. Também é onde está o parlamento alemão desde 1999. Ainda, é nessa capital o local onde se pode ver a Potsdamerplatz, devastada durante a existência do muro, passando logo em frente à praça e a Torre da TV, o símbolo mais famoso de Berlim Oriental, localizada a 123 metros de altura, na Alexanderpltaz.

A meu ver, a imponência de Berlim só pode ser contemplada em frente ao Brandemburgtor, um dos 18 portões remanescentes a cercar a cidade. Essa obra de arte tornou-se símbolo da Guerra Fria e depois da reunificação. Outro monumento atualmente muito visitado é o Memorial do Holocausto, inaugurado em 2005. São 2.711 blocos de concreto erguidos para homenagear as vítimas do Holocausto.

Para quem deseja também fazer uma viagem mais despojada do que é oficialmente mostrado, o meu conselho é se meter em bairros como o Kreuzberg, localizado no lado Oriental de Berlim, ainda conhecido como a Little Istambul — isto pela grande quantidade de turcos residentes no local desde a década de 50, dando um ar alegre, colorido e multicultural à capital germânica. Para quem já vive há muitos anos no bairro, consegue dividi-lo em classes e etnias, como é o caso de meu amigo Cetin C., nascido no bairro e filho de imigrantes turcos.

— Minha família foi uma das primeiras habitantes deste bairro. Segundo meus pais, logo quando chegaram aqui, havia poucas famílias estrangeiras, pois neste lugar, onde estamos agora, era Berlim Oriental. Além disso, aqui não havia gás nas casas e o meio de transporte era muito precário. Cláudio, você ainda consegue distinguir o Oriente do Ocidente?

Sim, algumas coisas, até hoje, continuam intactas, como uma parte do muro, possível de ser visitada.

— Caso você queira identificar melhor se está no Ocidente ou Oriente, observe a iluminação das ruas, já que todo o Oriente possui um tipo de luz mercúrio e os paralelepípedos são maiores e de cores mais claras. Aqui onde estamos, chama-se Kotti (Kottbusser Tor), local de concentração da grande massa turca. Mas para o lado do Viktoriapark, ficam os caras de granas, residentes aqui há pouco tempo.

Nesse bairro também se concentram atrações turísticas como o *Checkpoint Charlie*, principal ponto de passagem entre a Berlim Oriental e Ocidental e o *Jüdisches Museum*. Porém, a pergunta intrigante a todo turista ao chegar a Berlim é: onde está o muro? Uma parte dele ainda pode ser vista muito próximo dali sob a forma de museu a céu aberto, chamado de *Topographie des Terros*. Após anos de Alemanha, e já há alguns vivendo fora dela, posso assegurar que a mala que chegou no país repleta de esperança partiu para outro lugar, cheia de realizações.

3.15 POLÔNIA: ENCONTRO MARCADO COM A NATUREZA

Capital: Varsóvia
Língua oficial: Polonesa
Governo: República Parlamentarista
População: 38.518.241
Moeda: Zloty

A viagem à Polônia foi daquelas planejadas: datas, horários, telefones, nomes das pessoas com as quais deveríamos falar e locais de encontros agendados para nada dar errado. O objetivo era percorrer cinco parques nacionais da Polônia, para a observação de uma espécie de pássaro oriundo da Ásia Central, imigrante para essas regiões no início da primavera. Nessa viagem, também deveriam ser levantados dados bibliográficos e entrevistas com pesquisadores em universidades. Essa pesquisa foi custeada pela União Europeia e fazia parte de um projeto de pesquisa do Rafal L., um amigo polonês-alemão, da área da biodiversidade, além de tudo, deveria durar um mês. Partimos de Hamburgo, nossa cidade natal, às 11h, e, de acordo com os cálculos do Rafa, como era chamado pelos amigos, deveríamos estar do outro lado da fronteira, aproximadamente, às 17h. Precisamente, a um quarto para as 17h, já estávamos do outro lado da fronteira, cambiando dinheiro para continuarmos a nossa aventura, após termos passado por um pequeno interrogatório ainda no lado alemão.

Ao cruzar a fronteira próxima a Berlim, a impressão tida era de estarmos chegando a um país onde estrangeiro ainda era coisa de outro mundo. Principalmente, se esse estrangeiro for mestiço e alemão! Esse pior ainda! Na cabeça de um polonês, nem em outro mundo existia. Bom, isso não foi capaz de causar desistência da aventura. A conversa dentro do carro girava sempre em mesmo tom: onde encontrar um lugar seguro para dormir aquela noite. Resolvemos chegar bem mais próximo ao primeiro parque nacional no qual Rafa já tinha algo marcado para o outro dia pela manhã, por haver uma espécie de castelos com aluguéis de quartos para viajantes aventurados naquela região. Após o cansaço da viagem, tudo o que desejávamos era um banho quente. Enquanto o Rafa ia para o banho, eu preparava a câmera fotográfica para o outro dia e, no momento do meu banho, ele preparava o texto para ser apresentado ao diretor do parque.

A entrevista era toda feita em polonês — língua difícil de ser entendida até mesmo a distância — língua que, em meus ouvidos, soava semelhantemente a um miado de gato. Por ter o ouvido aguçado para as línguas, percebi o quanto o polonês na voz de um homem ainda podia se escutar, caso contrário, esqueça, pois é uma tortura auditiva! De qualquer forma, fiz o meu trabalho: fotografei pássaros, lagos, rochedos, espécies de plantas da região, falésias, arquiteturas típicas e gente importante para o trabalho. No final da tarde, resolvi fazer um reconhecimento da área: uma pequena cidade próxima à nossa hospedagem. Esse pequeno vilarejo ainda guardava os resquícios da guerra, no qual crianças, cachorros e adultos embriagados se misturavam a ruínas de casarões velhos. A presença de um mestiço com uma câmera na mão, não só chamou a atenção da população, como também da polícia. Não deu outra! Fui, automaticamente, parado por uma guarnição da polícia que tentou falar-me em um inglês incompreensível:

— *You Where? African? Passport.*

Entendi eles me perguntarem de onde eu vinha, se era africano e onde estava o meu passaporte.

Bom, finalmente, parei e lhe respondi ser alemão e vir de Hamburgo.

— *No! Hamburg? Komm!*

E me mostravam a porta do carro como que dizendo: "bom, podes entrar!". Eu perguntei-lhe em alemão: "entrar? Onde? Neste carro? Para onde devemos ir?"

Bom, por fim, entrei no carro e paramos em um posto policial, há uns quatro quilômetros de onde fui abordado, havendo já mais dois policiais. O choque foi total quando a notícia em poucos minutos já havia percorrido todo o vilarejo, pois, nesse ínterim, aproximadamente 20 minutos, Rafa já estava também no posto policial. Não me era sabido que a minha ida ao posto policial objetivava, simplesmente, mostrar-me aos dois policiais, os quais trabalhavam no momento.

Bem, como havia um mestiço na cidade e falante do alemão, inicialmente, ofereceram-me algo para beber, comer e, além disso, interessaram-se em saber o que eu havia perdido naquele final de mundo. Enfim, tornei-me o centro das atenções de todos os policiais. O mais estranho de tudo para eles era a língua de comunicação entre Rafa e eu, o espanhol, pois não podiam entender como um brasileiro-alemão, estando na Polônia com um polonês-alemão, falaria espanhol. Foi então que percebi o quanto o restante da viagem poderia ser bem mais aconchegante: o que jamais imaginei! Rafa, após o acontecido, passou todo o trajeto até a próxima cidade tentando explicar-me a generosidade do povo polonês. Fato este percebido por mim com mais clareza no final da viagem após minha experiência.

Entre um parque e outro, sempre nos sobrava tempo para irmos a uma cidade próxima, à discoteca, aos museus, visitar amigos e familiares. Antes de chegarmos ao mais famoso dos parques e o mais esperado — *Parque Nacional de Bialowieza* —, fomos visitar Varsóvia, capital polonesa. Muito chamava a atenção o número de estrangeiros insignificantes, pelo menos os vistos por mim: dois ou três africanos. Nesse dia, resolvemos ir a uma discoteca, porém, por eu possuir o cabelo longo e ser mestiço, a loucura foi total! Em alguns minutos, não pude sair de perto do Rafa pelo medo de ser agredido por qualquer *skinhead* ou garota embriagada, autoconsiderada mais *chacrete* que as outras. Enfim, não tive alternativa a não ser voltar para casa e seguir a viagem no outro dia. A nossa próxima parada foi na cidade de Lublin, uma das cidades mais jovens da Polônia, pela quantidade de estudantes. Lá, visitamos a universidade *Marii Curie-Sktodowskiej*, polo de pesquisa na área de Biologia.

Após três semanas de viagem, alcançamos, enfim, o local mais cobiçado pelos pesquisadores: o Parque Nacional de Bialowieza, registrado na Unesco como a última mata virgem da Europa. A grandeza desse parque não é só em matéria de biodiversidade. Geograficamente, ele ocupa uma área estendida desde o nordeste da Polônia, passando pelo noroeste da Ucrânia, até o sudeste da Bielorrússia. Esse parque comporta 12 mil espécies de animais, em sua maioria, lobos e castores. Vale salientar que não são somente os animais e pássaros é que chamam a atenção dos visitantes. Segundo o Rafal L., pesquisador da migração de pássaros oriundos da Ásia Central, a atenção de muitos turistas é chamada pelo tamanho imponente das árvores, que medem 50 metros de altura e possuem 400 anos de idade. De acordo com o diretor do Parque, Patrick W., *Bialowieza* vem sendo uma área protegida desde 1921 e, durante todo esse período, vem-se realizando vários trabalhos para a manutenção dela.

A estadia na cidade, a qual leva o nome do parque, tornou possível a nossa aproximação com a população, conhecer o dia a dia dos habitantes de perto, algumas histórias consideradas por muita gente séria como estórias de Hollywood. Como é o caso do senhor Dimitri, de 92 anos, e da senhora Helena, de 94 anos, feitos reféns na 2ª Guerra Mundial. Nessa época, ele morava na Bielorrússia e ela na Ucrânia. Os dois conheceram-se em um campo de concentração em Berlim. Ele, tradutor russo-alemão e ela, prisioneira de guerra. Ela, por não dominar o idioma alemão e nem ter uma profissão capaz de proporcionar-lhe uma situação privilegiada, foi várias vezes estuprada e submetida às várias formas de torturas. Ele, por outro lado, informa o quanto os alemães o trataram bem e lhe tinham dado privilégios, os quais muitos outros prisioneiros de guerras não tinham, como trabalhar com os italianos: umas das brigadas mais extrovertidas do campo. O seu relacionamento com Helena se deu após um estupro, quando ela foi obrigada a ser atendida em um hospital da região por uma enfermeira russa amiga de Dimitri. Cessada a guerra, os dois resolveram voltar aos seus países de origem, porém, por serem provenientes de países distintos, resolveram fixar residência em um país neutro: a Polônia.

Atualmente, os dois vivem em *Bialowieza* e possuem o único hotel do parque, gerenciado pelo seu filho mais velho: Patrick W. Dimitri confidenciou-me já haver sido convidado pelo governo alemão a viver em território germânico, onde seria mais fácil tratar o problema do sistema nervoso de Helena, proveniente do período da guerra. Segundo ele, os dois preferiram ficar na Polônia junto à família, pois a pensão recebida da Alemanha, com o salário ganho com o trabalho, é suficiente para manter-se até ao fim de seus dias.

3.16 TURQUIA: ISTAMBUL - OCIDENTE, A PORTA PARA O ORIENTE

Capital: Ancara
Língua oficial: Turco
Governo: República Parlamentarista
População: 71.158.647
Moeda: Nova lira turca

Falar algo sobre Istambul para um brasileiro é lembrar-se, automaticamente, de Constantinopla, antiga capital romana do império Bizantino e, provavelmente, até lembrar a semifinal da Copa do Mundo de 2002, quando o Brasil venceu a Turquia por 1x0, conquistando, assim, o almejado lugar na classificação final do Japão. Na verdade, Istambul é muito mais que isso! É a única cidade do mundo que, devido à sua posição geográfica, localiza-se entre dois continentes. A sua parte principal está situada na ponta do sudeste europeu, consequentemente dividida entre o Mar Mediterrâneo (lado europeu) e o Mar Negro (parte asiática). Essa mesma cidade foi residência de dois reinados durante 600 anos e, ao lado de Roma, capital italiana, ainda considerada o centro da arte e da ciência.

Desde a fundação do império Bizantino, Istambul representou, na época, o mais importante centro comercial da região, fazendo com que o rei persa, Dário, dispusesse à população barcos para facilitar a travessia do canal hoje chamado *Chifre de Ouro*. A atual Istambul ficou sobre o reinado persa até o final da batalha dos Plataea, 479 anos a. C. Com a queda do império persa, essa cidade passou pelas mãos de várias pessoas privadas até vir a ser conquistada e destruída pelo imperador romano Septmius Severus.

Atualmente, é uma cidade moderna, cosmopolita e multicultural, pois agrega, em seu território, aproximadamente 15 milhões de habitantes, incluindo povos de diferentes culturas, etnias e religiões, dentre eles turcos, curdos, judeus, gregos ortodoxos e asiáticos, em sua maioria, oriunda do sudeste asiático como chineses, vietnamitas e cambojanos. Quem chega a Istambul pela primeira vez, seja pelo lado asiático — Aeroporto Sabiha —, seja pelo lado europeu — Aeroporto Atatürk —, confronta-se com o que há de mais moderno no mundo em matéria de comportamento: mulheres bem maquiadas, cabelos lisos e com mesclas loiras, fumando cigarros de marcas americanas, calçando botas de pontas finas estilo italiano e se posicionando em uma sociedade ainda machista de uma forma emancipada. O homem turco, com sua visão conservadora, vê esse comportamento sob uma ótica meio cética. Apesar disso, eles também dão a sua contribuição para a modernização e/ou quebra de paradigmas dessa sociedade tradicional, o que pode ser visto, por exemplo, ao aderirem a vestimentas ocidentais, uso de gel nos cabelos, penteados que estejam na moda, assim como andar sempre em grupo, vindo a formar pares perfeitos nas ruas e bares de Istambul. Outro elemento nessa cidade que chama a atenção do turista é a quantidade de outdoors espalhados pelas ruas, mostrando uma diversificada forma de vida, uma culinária riquíssima à base de pescados e carnes vermelhas, praias de águas cristalinas e uma arquitetura em que se nota um harmonioso diálogo entre o moderno e o antigo.

Porém, para os apreciadores da cultura e religião, a dica é se aventurar pelas ruas de Istambul, apreciando as mesquitas, museus, mercados árabes, igrejas, sinagogas e procurar manter contato com o povo turco. Aquele que chega ao lado asiático e pretende não perder tempo, o melhor mesmo é ir direto ao porto de *Kadiköy* tomar um *ferryboat* e atravessar o canal em direção ao lado europeu descendo no porto *Eminönü*. Essa travessia tem duração de 25 a 30 minutos e custa, em média, 1,50 Lira, que, em moeda brasileira, equivale a R$ 1,50. Desse porto, pode-se tomar um ônibus elétrico e, após quatro estações, deleitar-se com uma das sete belezas do mundo: a mesquita azul, construída em 1616. Nessa parte da cidade, chamada *Sultanahmet*, é onde se concentra o maior número de monumentos históricos, hotéis e um rico polo gastronômico.

Em questão de infraestrutura, Istambul está muito bem abastecida, pois conta com uma frota de *ferryboat* para fazer a travessia do canal, partindo o primeiro às 6h10 e o último às 22h30, cumprindo esse horário os sete dias da semana. Metrôs que levam os passageiros aos quatro cantos da cidade, ônibus elétricos com um sistema computadorizado e, além do mais, uma extensa linha ferroviária da qual se pode partir de Istambul até Atenas na Grécia ou Teerão no Irã.

No lado antigo da parte europeia é onde se concentra o maior número de monumentos históricos, como o museu arqueológico, construído em 1896. Neste, guarda-se a maior quantidade de sarcófagos do mundo, dentre eles o de Alexander, 400 anos a. C., localizado na sala número 8, bem como o sarcófago de Satrapen, de 500 anos a. C., exposto na sala número 9. Desse lado da cidade, também pode ser vista a Mesquita Azul: a pérola de ouro do povo turco! Você pode apreciar a beleza oriental no bazar egípcio e, quem sabe, até arrumar um tempinho para se deliciar com o chá de ervas naturais. Se sobrar tempo, pode tomar uma xícara de café turco, conhecido pelo seu desvendar do futuro no café Pierre Loti, desfrutando o cair do sol no *Chifre de Ouro*. Há também a Universidade de Istambul, que dá um ar jovial à cidade. O que também chama a atenção, pela sua imponência, é a basílica bizantina, considerada durante mil anos, pelos reis bizantinos, um local sagrado. Após a conquista turca, em 1453, a basílica foi transformada em mesquita e passou a ser chamada de *Hagia Sofia*, que significa Sabedoria Divina, que, em 1935, com o governo de Atatürk, começou a sua restauração, chegando hoje a ser um dos museus mais visitados do mundo. De acordo com a história e a tradição, Constantino deveria estabelecer nesse local, no ano de 325, uma basílica. E assim foi feito. Entretanto, no ano 404, foi destruída pelo fogo e apenas em 415 é que veio a ser novamente construída por Theodosius II.

Ao turista que esteja saturado de cultura e história e pretenda aproveitar Istambul para fazer suas compras, uma boa opção é a ponte Atatürk ou Galata, pois elas levam ao centro comercial localizado na parte nova da cidade — lado europeu. Vale destacar também que dentre as ruas comerciais mais movimentadas de Istambul está *Takzim*, pois nesta encontram-se restaurantes, consulados, butiques, lojas importadas e, como todo país de origem árabe, mercados onde se vendem de tudo: desde um calendário do século XII até o indesejável, porém, para agradar o vendedor termina se levando. Não se espante caso algum vendedor chegue gritando! Além de fazer parte do ofício, faz parte da cultura. Observe, faça um ar de quem não entendeu e continue andando. Eis o conselho!

Após dias de caminhadas e travessias entre um continente e o outro, o corpo pede descanso e, para isso, a dica mais apropriada é se deliciar em uma sauna turca que pode ser encontrada em qualquer parte da cidade. É preferível não ir às sextas-feiras, pois é o dia sagrado dos muçulmanos e nelas eles serão a maioria. Caso você insista, deverá enfrentar uma fila de, no mínimo, 30 minutos. O povo turco, além de amigo e acolhedor, interessa-se por saber de onde o turista vem. Mas, se você quer agradecer ou ser gentil, aventure-se um pouco na língua turca, esforçando-se para aprendê-la no período em que estiver sentado no avião. *"Sağol"* é obrigado e *"Merhaba"* é olá. Para o povo muçulmano, não existe nada mais gratificante do que um ocidental conseguir dizer duas ou três palavras em seu idioma.

Para aproveitar a viagem, o turista precisa mesmo ter os olhos bem abertos e os outros sentidos bem aguçados, porque, conforme se diz, Istambul é um museu a céu aberto.

3.17 ESLOVÁQUIA: BRATISLAVA – PÉROLA DO DANÚBIO

Capital: Bratislava
Língua oficial: Eslovaco
Governo: República Parlamentarista
População: 5.426,252
Moeda: Euro

Para ser sincero, seria injusto começar a escrever sobre Bratislava sem antes dar uma copilada sobre o desenlace histórico da República da Tchecoslováquia, que levou à criação de dois países irmãos: a República Tcheca, tendo por capital Praga, e a Eslováquia, que possui Bratislava como capital. A Tchecoslováquia foi um país existente no Centro da Europa entre 1918 e 1992, passando a existir dos escombros do império Austro-Húngaro, no final da grande primeira guerra. Claro que a convivência entre dois povos, as duas línguas e as duas culturas nunca foram harmoniosas, porém conviveram e dividiram sabores e dissabores.

Em 1989, por meio de uma administração tolerante de Moscou sob o poder de Gorbatchev, a Tchecoslováquia recupera sua liberdade e, só no verão de 1993, a partir de uma revolução pacífica, conhecida como "O Divórcio de Veludo", consegue uma separação amigável, ocasionando, assim, o surgimento das Repúblicas Tcheca e da Eslováquia, as quais entraram para a União Europeia em 2004. Histórias à parte e atualidade em voga. Eis a pergunta: você já pensou em passar férias em Bratislava, capital da Eslováquia? Se esse não foi o caso até agora, está na hora, pois a bela cidade do triângulo das fronteiras tem muito a oferecer.

Bares e adegas animadas, histórias movimentadas e muita cultura — Bratislava é cheia de surpresas e é o destino perfeito para uma pequena viagem pela cidade. Vou lhe dizer onde se pode encontrar as melhores iguarias eslovacas e quais museus e pontos turísticos você não deve perder.

O que muitos provavelmente não sabem é que Bratislava se tornou um centro moderno, cultural e econômico ao redor do Danúbio, ao longo dos anos, além de cumprir sua função de capital representativa da Eslováquia. Pontes modernas e edifícios futuristas se alternam aqui com os edifícios clássicos da época dos reis húngaros, cercados por várias áreas residenciais, que estão disparadas pelo centro da cidade.

A propósito, a cidade de Bratislava, dividida pelo Danúbio, aparece no estilo de uma típica cidade mediterrânea. Muitas ruas pequenas formam uma espécie de labirinto entre igrejas antigas e vilas da cidade, que basicamente representam uma única e enorme zona de pedestres. Se você quiser ter uma visão geral desse emaranhado de becos, a torre de observação de 85 metros de altura com seu próprio restaurante carinhosamente chamado de OVNI pelos moradores de Bratislava e oferece uma parada no topo de uma das pontes do Danúbio!

Se você quiser ver como o Danúbio e a Marcha se reúnem diante de seus olhos para formar uma rede prateada brilhante de dois rios orgulhosos, também deve visitar as ruínas do Castelo Theben Devín, de 212 metros de altura. Historicamente, a cidade tem muito a oferecer! Bratislava é a única capital que faz fronteira com duas fronteiras nacionais diferentes, a saber: as da Áustria e as da Hungria. Essa localização geográfica faz da cidade, no Danúbio, um ponto de encontro muito especial para diferentes culturas, que mostram suas influências aqui e fazem de Bratislava um centro cultural.

A mistura de culturas teve um impacto particularmente positivo? Sim! Sobre a culinária! Bratislava é conhecida por seus restaurantes espalhados por toda a cidade. O repertório varia de adegas pitorescas a bons cafés e restaurantes elegantes. O especial? A gostosura húngara encontra a rica cozinha alemão-austríaca e combina-se com pratos eslovacos clássicos. A mistura perfeita se você me perguntar!

No centro da cidade, muitos cafés de primeira classe, como o Foxford Café, ou o Mondieu, alinham-se e atraem jovens e estudantes. Aqui se pode ficar durante horas e saborear um café. Em se tratando de restaurantes, como o Cartola, por exemplo, você pode saborear pratos regionais clássicos e saudáveis, em um ambiente muito aconchegante.

Você sabia que reis e imperadores costumavam entrar e sair da bela Bratislava? Inclusive, as coroações dos imperadores húngaros eram realizadas aqui na sede do arcebispo húngaro. Ainda hoje, você pode experimentar a atmosfera real uma vez por ano, no verão principalmente, porque as celebrações da coroação são encenadas. Esse é um dos momentos em que se percebe que a cidade está realmente viva, ou seja, em movimento! Bratislava não apenas abrange a cidade, mas também uma região inteira com uma grande variedade de paisagens.

A região é dividida em três outras sub-regiões, que não poderiam ser mais diferentes: a oeste da cidade, está a região de Záhorie, na qual você pode encontrar uma natureza idílica com florestas de pinheiros perfumadas, e as condições ideais para caminhantes, entusiastas de esportes aquáticos e pescadores entre as ruínas místicas do castelo e colecionadores de cogumelos. No leste de Bratislava, pode-se chegar à região do Senec, caracterizada principalmente por seus muitos lagos de águas cristalinas. Além disso, o sopé dos pequenos Cárpatos se ergue no norte da cidade. Aqui, a paisagem está repleta de vinhedos, enquanto no fundo a montanha Kamzík, com 439 metros de altura, um dos símbolos da cidade, estende-se até o céu.

O Danúbio complementa a imagem da natureza idílica. A propósito, os fornecedores de passeios de barco o levarão pelo Danúbio até a vizinha Viena, em menos de 2 horas. A seguir, estão alguns dos pontos turísticos mais importantes para você: Catedral de São Martinho, Antiga Prefeitura, o Portão de Michael, Palácio de Grama Grassalkovich, Castelo Ín Devín e o Palácio Primacialny.

3.18 REPÚBLICA TCHECA: A CAPITAL RELUZENTE

Capital: Praga
Língua oficial: Tcheco
Governo: República Parlamentarista
População: 10.610,947
Moeda: Coroa

Para quem gosta de se deleitar com beleza arquitetônica, Praga, a capital histórica da República Tcheca, foi um reduto residencial de reis e kaisers no período do Império Romano. Por aí já se pode imaginar: igrejas, palácios, pontes, casarios, teatros, praças e jardins que circundam essa cidade. Já no século XIV, sob a governança do rei Karls IV, ela tornou-se um centro político e cultural na Europa. Essa cidade, em 1348, abriu as portas à construção da maior universidade no centro do velho continente. Desse período mais adiante, Praga torna-se reduto da cultura checa, judia e alemã. Praga é reconhecida pela Unesco como a Cidade Dourada, na qual hoje se vê uma paisagem urbana, moldada por estilos gótico e barroco. O fato de eu morar aproximadamente na fronteira da República Tcheca, ou seja, a 115 km ou 1 hora e 40 minutos — e sempre ter me chamado a atenção a forma de vida, a cultura, as línguas, a miscigenação do povo eslavo e, especialmente, a arquitetura —, fez-me voltar a visitar essa cidade em várias estações do ano.

Seja no outono, inverno, primavera ou verão, essa cidade está sempre cheia e preparada para acolher qualquer um dos visitantes de qualquer nacionalidade que aportem por lá em qualquer estação do ano. Porém, é no verão, com suas ruas, vielas, avenidas e praças repletas de lojas de grifes, cafés, quiosques, restaurantes, hotéis, museus, galerias e pousadas, que o turista sempre encontra um atrativo para desejar ficar mais um pouquinho que o tempo anteriormente estipulado. O turista busca nem que seja observar os artistas de ruas com suas performances; os pintores, que entre o transpassar de diversas cores, buscam preencher suas telas com as cores da aquarela, ou quem sabe o turbilhão de asiáticos e europeus que interrompem o transitar das pontes *Tschech, Karls* e *Mánes* em busca de seus melhores ângulos e *selfies* com suas infernais máquinas fotográficas e *smartphones*. Eu, como um eterno viajante solitário e amante dos hostels, sempre encontro com os *staffs* desses locais informações preciosas que não se leem em livros de turismo ou em lojas de informações.

Durante o café da manhã, no Hostel Ananas, observei o movimento de mochileiros: os que se preparam para fazer o check-out, ou os que acabam de fazer o check-in. É visível o olhar de felicidade e ao mesmo tempo de tristeza, dos que precisam partir, assim como a ansiedade estampada nos rostos dos que chegam para desbravar a cidade dourada. Nesse momento, eu, entre uma leitura breve no meu livro de turismo, olho atento no recinto para ver se encontro algum mochileiro solitário e que esteja disposto a dividir momentos de caminhadas e uma *charla* sobre o que Praga pode nos oferecer. Logo, sou interrompido por um espanhol, que estava com sua namorada, que me perguntou se poderíamos dividir a mesa. Digo que sim, porém não mantenho a conversa.

Como de costume, após meu café da manhã, preparo-me para o desbravamento da cidade. Na portaria do hostel, observo que um hóspede olha para o céu escuro e chuvoso e olha para mim como se quisera perguntar: para onde vamos com este tempo tão frio? Era o final de inverno. O dia estava mesmo para "um café e cama", como se diz na Espanha. Pergunto para ele onde poderíamos tomar um café. Ele responde-me que cafés em Praga é o que não faltam, foi assim que ele me indicou um local chamado República do Coffee, em uma viela que apenas os moradores locais poderiam encontrar.

Dali, saímos caminhando embaixo de uma chuva fina, como se ela quisesse nos acompanhar, por todo tempo, nesta aventura. Após alguns minutos de caminhada, o rapaz explica-me que seu nome era Alexsander, nascido na Bielorrússia, crescido em Azerbaijão, casado com uma ucraniana e jogador de basquete em um time de segunda divisão na cidade de Chemnitz, no leste da Alemanha, o que significa que morávamos no mesmo Estado, porém em cidades distintas.

— E você é de onde? — Pergunta ele. Eu, sem retrucar, explico-lhe que nasci no Brasil, passei por vários países e hoje vivo também na Saxônia.

Antes de chegarmos ao café desejado, Alex, como gostaria de ser chamado, contou-me um pouco de sua trajetória de vida e o porquê de ele conhecer tão bem Praga.

— No período da URSS (União das Repúblicas Socialistas Soviéticas), só podíamos fazer férias dentro do Bloco. Como meu pai era técnico profissional de basquetebol do Azerbaijão, eu comecei a jogar ainda aos 12 anos, tendo, pois, a oportunidade de conhecer todos os países do bloco.

Ao chegarmos ao República do Coffee, os cumprimentos entre Alex e o rapaz que nos atendeu foi em uma língua, para mim, irreconhecível: eu não sabia se era russa, polaca, tcheca, eslovaca ou ucraniana. Após Jörg, o proprietário do Coffee, saudar-me em inglês, por saber que eu morava na Alemanha e que era proveniente do Brasil, pergunta-me em que idioma seria mais cômodo mantermos uma conversa. Para que a curiosidade fluísse, achei melhor falarmos em inglês.

Após um bom café italiano, regado ao *Trdelník*, uma espécie de doce tcheco e uma conversa para além de cultural com base histórica sobre como era viver, estudar e se profissionalizar dentro do bloco socialista, Jörg convida-nos a conhecer a cultura da cerveja Tcheca. Segundo ele, a cerveja é a bebida mais popular do país, sendo os tchecos os maiores consumidores desse produto no mundo. Ao fechar o café para a pausa do almoço, Jörg convida-nos a conhecer algumas cervejarias de Praga. Após passarmos por alguns locais, inclusive uma das cervejarias mais conhecidas de Praga, a *Brevnov* de São Adalberto, fundada em 993, por Boleslav II, duque da Boêmia, que governou entre 972 e 999; e pelo bispo Vojtěch — que mais tarde se tornaria o Santo Adalberto.

Entre tantas cervejarias, paramos na *U Medvódkû*. O que mais me chamou a atenção nesta foi a produção da cerveja. Jörg explicou-nos que o maior orgulho do *U Medvídkû* é a criação e produção da cerveja *X-Beer 33*, considerada a cerveja com o maior grau de sacarificação do mundo.

— E se você quiser fazer sua própria cerveja, nessa cervejaria histórica com mais de 500 anos de tradição, você pode!

A cervejaria oferece a opção de você fabricar sua própria cerveja em um processo que dura 9 horas e inclui as etapas de esmagamento do lúpulo, por meio de trituração, resfriamento do mosto e fermentação com acompanhamento do mestre cervejeiro. Após alguns goles de cervejas, saímos cruzando pontes e entrando em becos até chegarmos à parte velha da cidade. A nossa primeira parada foi no Quarteirão Judeu no bairro de *Josefov*. Jörg explica que esse nome vem em homenagem ao imperador Josef II, cujas reformas ajudaram a aliviar as condições de vida para os judeus que ali viviam isolados do restante da cidade, pois não tinham permissão de morarem em outros bairros.

— O Bairro Judeu ou Quarteirão Judeu foi preservado devido a um plano nazista de criar ali um museu da raça extinta. Por isso, a ideia era deixar tudo intacto para ser usado nesse museu.

Antes de nos despedirmos, Alex pediu para Jörg nos acompanhar a cruzar a Ponte de Carlos, a mais antiga de Praga. Segundo Jörg, essa ponte recebe o nome de seu criador, Carlos IV, que colocou a primeira pedra em 1357, substituindo, assim, a Ponte Judite, a qual foi completamente destruída em uma inundação. Sem querer sair desse local sem escutar uma lenda, eu peço ao Jörg que nos conte uma, ou seja, a mais conhecida.

— Uma das várias lendas conta que a construção da ponte Carlos foi iniciada no dia 9 de julho de 1357, às 5h31 em ponto. Diz-se que a razão disso era a constelação favorável do Sol com Saturno, bem como pelo fato de que esta data corresponde à linha de números ímpares de 1 a 9 e ao reverso. Dizem que foi a combinação palindrômica de números 1-3-5-7-9-7-5-3-1 que assegurou a resistência, a grandiosidade e a admiração de milhões de visitantes de todo o mundo à ponte. Este é o motivo pelo qual a capital reluzente deve ser visitada.

3.19 HUNGRIA: BUDA É REALMENTE UMA PESTE DE BELEZA

Capital: Budapeste
Língua oficial: Húngaro
Governo: República Parlamentarista
População: 9.797 561
Moeda: Coroa

A capital húngara, Budapeste, cativa, com seu talento especial, excelentes vistas e as margens pitorescas da tábua de salvação — o Danúbio. Budapeste é frequentemente comparada à metrópole francesa Paris, por causa de seus belos e magníficos edifícios. Há muito a descobrir nessa metrópole: maravilhosas catedrais, castelos, monumentos, pontes, museus, arte e curiosidades que moldam a paisagem urbana.

Budapeste é considerada a cidade mais bonita da Europa Oriental. Entre os edifícios, destacam-se o Art Nouveau e o Danúbio Azul. Além disso, merecem destaque as fontes termais e a cultura do café. A capital húngara gosta sempre de ser comparada à Paris. Budapeste é o centro político, econômico e cultural do país, cerca de um quinto dos dez milhões de húngaros vive lá. Porém, para mim, um dos pontos mais importantes desse país é sua história, cujos resquícios são visíveis por onde passamos.

Ao chegar à estação central de trem, em Budapeste — *Keleti* —, encontro-me com um grupo de estudantes da *University of Theatre and Film Arts*. Ao perguntar pelo endereço de meu hotel, o qual eu havia prenotado uma semana anterior, eles entreolham-se e, antes de me informar o endereço, perguntam se eu poderia me sentar e esperar enquanto eles terminavam de tomar o café matinal. Nesse momento, fui bombardeado de perguntas, tais como: de onde vinha, onde morava, o que eu havia estudado e qual era a minha intenção em conhecer a capital húngara. Tentei explicar-lhes de forma sucinta, dando margem para que eles me falassem um pouco mais da história desse país, além das informações que eu já havia lido em meus livros de viagens. Do grupo de sete estudantes, dentre eles quatro garotas e três garotos, os que mais se precipitavam para falar eram Andras e Gabor. O primeiro, de origem húngara-alemã, nascido em um interior da Romênia, na região da Transilvânia; o segundo, húngaro de origem e de religião judaica. O que havia em comum entre eles era o fato de que todos estudavam Teatro ou Cinema sob um viés histórico.

Sem titubear, Andras explicou-me que o auge de Budapeste começou quando o imperador austríaco, Franz Josef I, foi coroado rei da Hungria na Igreja de Matthias, em 1867. Em 1873 é que Buda e Peste se fundiram para formar a nova capital da Hungria. Elisabeth, imperatriz da Áustria e rainha da Hungria, queria fazer de Budapeste uma cidade que deveria superar Viena em beleza e pompa. Muitas casas magníficas foram construídas, assim como o mercado, com suas impressionantes estruturas de aço e o primeiro metrô da Europa Continental. A população logo ultrapassou o número de um milhão.

Gabor, com seu olhar fixo, continua me explicando que o apogeu de Budapeste terminou com a 1ª Guerra Mundial. Com o fim da monarquia inferior dos Habsburgos e o Tratado de Trianon, a Hungria perdeu mais de dois terços do seu território para a Romênia, Iugoslávia e Tchecoslováquia. Nesse momento, Andras interrompe Gabor e tenta explicar o motivo de ele ser húngaro-alemão, porém ter nascido na Romênia.

Em seguida, Gabor continua a explicar que, durante a 2ª Guerra Mundial, a cidade foi conquistada pelo Exército Vermelho em 1944. Primeiro, os soviéticos permitiram uma democracia no estilo ocidental. Assim, durante quatro anos, os húngaros tiveram um parlamento e uma ordem democrática com cinco partidos. Mas, com as chamadas táticas de salame, o Partido Comunista conseguiu desmantelar a democracia em pedaços. Por conta disso, as partes foram engolidas: bancos e indústrias foram nacionalizados e conjuntos habitacionais pré-fabricados surgiram na periferia.

Após essa breve explanação, o grupo despede-se. Contudo, Gabor e Andras fazem questão de me levar até a porta do hotel que fica bem próximo ao Danúbio. Como forma de recompensa pela instigante aula de história e a companhia até a minha hospedagem, pergunto-lhes se eles gostariam de tomar um café comigo no mercado central de Budapeste, que fica a uns 200 metros do hotel. A minha intenção era entender melhor sobre a história daquele povo, sua gastronomia, sua miscigenação e, principalmente, o posicionamento político radical do Estado Húngaro para com os imigrantes. Vale destacar que minha estadia em Budapeste se deu em janeiro de 2018 — dois anos após uma grande quantidade de imigrantes do Oriente Médio forçar a fronteira desse país em direção ao centro e oeste da Europa.

Gabor e Andras prontamente responderam que aceitariam, ressalvando que o café deveria ser acompanhado de *Lángos* — um gênero de pizza frita, feita com poucos ingredientes, farinha, água, fermento e sal —, que pode ser servida com vários tipos de cobertura, quer sejam doces quer sejam salgadas. A mais tradicional é a com *sour cream* e queijo ralado.

Ao chegarmos ao Mercado Central, Gabor explica-me que, devido à 2ª Guerra Mundial, a estrutura do mercado ficou gravemente danificada, de modo que, nos anos seguintes, ele começou a perder status. Em 1991, o Mercado Central foi declarado em ruínas e foi fechado ao público. Três anos depois, o edifício foi restaurado e hoje é um dos edifícios mais significativos de Budapeste.

Sem querer perder o fio da meada, tento mostrar para os dois garotos a quantidade de estrangeiros visitando o mercado.

— Tens razão! Hoje Budapeste é comparada a Paris. Nós já fizemos parte do império Austro-Húngaro — enfatiza Gabor. Concordo com eles, porém afirmo que, para ser comparada a Paris, também lhe falta um maior número de imigrantes. Onde andam os imigrantes que entraram pela Hungria entre 2015 e 2016?

— Você, como jornalista, deve saber que tipo de política vem sendo praticada hoje em Budapeste!

Retruca Andras:

— Vários fatores contribuíram para a instauração do regime de Viktor Orbán na Hungria, dentre eles a falta de tradição democrática, a decepção de muitos cidadãos depois do advento desse sistema político, os erros dos governos e/ou a fracassada tentativa de golpe de Estado em 2006. Para se ter uma ideia, Orbán se dirige à etnia húngara e, dentro dela, exclusivamente a seus seguidores. Ele não considera os membros da oposição como húngaros.

Gabor também explica que a crise dos refugiados foi uma oportunidade fantástica para o Governo do Fidesz.

— Orbán nunca falava de refugiados, nem sequer de imigrantes, mas das hordas de imigrantes. Prometeu que defenderia nosso país, a cristandade e a cultura europeia dos invasores muçulmanos ilegais, que violariam nossas mulheres, que eram terroristas, que tomariam nossos empregos e destruiriam nossa tradição. Nada disso tinha a ver com o verdadeiro problema da imigração! Na Hungria, não há imigrantes ilegais. Mas Orbán e seus mamelucos conseguiram convencer uma parte enorme da população de que milhões de indivíduos de cor, famintos e perigosos, estavam prestes a nos invadir. De modo que os húngaros começaram a odiar estes imigrantes.

Andras conclui dizendo que as pessoas muito pobres — as que mais perderam no regime de Orbán — foram questionadas sobre o porquê de haverem votado nele. Andras explicou-me que elas diziam que foi porque ele as protege da invasão de imigrantes, mesmo nunca tendo visto um imigrante sequer.

Após nosso café, regado a uma longa conversa política, pergunto para os dois garotos se eles tinham interesse em sair à noite para algum bar tipicamente húngaro. O meu interesse era entender como se comportaria a juventude húngara diante de um imigrante negro, acompanhado por dois jovens húngaros. Se os olhares direcionados para mim seriam de desprezo ou curiosidade e como os dois garotos seriam tratados pelos seus compatriotas. Sem pestanejar, o convite fora aceito, porém a questão era para que lado da cidade ir. A parte velha da cidade de Budapeste, por exemplo, para jovens é uma ótima opção, já que é frequentado de tal forma que se tornou o reduto da juventude. Enquanto pensava sobre isso, percebi que os dois garotos não conseguiam entrar em consenso com relação ao local para onde íamos, o que fez com que eu sugerisse o bairro judeu, ou seja, o sétimo distrito.

Lá há muitos bares, clubes e clubes culturais que abriram recentemente em prédios abandonados, mas que agora estão restaurados. Dentre eles, o Szimplakert é considerado um dos mais especiais, visto que nele também tem um cinema. Chegando ao local, observei que, por mais multicultural que possa parecer Budapeste, a grande maioria dos frequentadores era composta por jovens locais. Gabor, por ser de origem judia, explicava-me a história do bairro que estava vinculada à 2ª Guerra Mundial e, consequentemente, à perseguição do povo judeu pelos nazistas alemães, algo que deixava certo desconforto por Andras ser de origem alemã e eu ser cidadão alemão e viver na Alemanha, porém nada que pudesse causar um mal-estar.

Após algumas cervejas tomadas e algumas histórias contatadas, eu sentia-me muito livre com os olhares *ajenos*. Mesmo percebendo que era algo raro naquela noite, pois a quantidade de estrangeiros era pouca e a de negros inexistente. Após cada um dos garotos pagar uma rodada de cerveja, chegou a minha vez de pagar a compra, que era realizada diretamente no balcão. Nesse momento, percebi que o fato de ser negro, estrangeiro e não falar húngaro me colocava em desvantagem em relação aos outros clientes. Após alguns minutos de espera, consegui minhas bebidas e, ao retornar à mesa, na qual se encontravam Andras e Gabor, notei que haviam chegado mais dois casais de amigos com os quais eles estudavam. Mesmo percebendo minha presença, os recém-chegados não fizeram nenhum esforço para que eu me sentisse integrado à conversa.

Andras e Gabor, percebendo o desconforto, tentavam responder aos casais em língua inglesa, de modo que eu pudesse entender acerca do que tratavam. Por volta de uma hora da manhã, resolvemos deixar esse local e seguirmos a um pub, ainda na parte velha da cidade. Na entrada, além de uma fita amarela, que deveria ser comprada anteriormente, dando-nos o direito de entrar, não precisava apresentar nenhum outro tipo de identificação, exceto eu, que, além da fita, precisei apresentar meu RG. Esse foi o momento em que percebi que a cor de minha pele estava vinculada a alguns dos imigrantes de 2015 e 2016, os quais entraram indocumentados na Hungria, o que me levou ao entendimento de que a aporofobia[2] não era apenas algo do Estado húngaro, mas estava presente em alguns segmentos da sociedade.

---

[2] Ver Cortina (2017) e Hebenbrock (2021).

3.20 FINLÂNDIA: O SOL DA MEIA-NOITE

Capital: Helsinque
Língua oficial: Finlandês
Governo: República Parlamentar
População: 5.524,574
Moeda: Euro

O que levaria um brasileiro a visitar a Finlândia? Sobre esse país, sabemos tão pouco, quanto ele sobre o Brasil. Se perguntarmos a um brasileiro de conhecimento básico sobre esse país, algo como Natal, Papai Noel, isto se ele não confundir Finlândia com o Canadá ou USA e trenós, serão as palavras mais comuns ditas por alguns. Porém, esse país escandinavo esconde muito mais do que gelo e frio.

A Finlândia é um dos poucos países do mundo onde carteiras e celulares perdidos são devolvidos aos seus legítimos proprietários: muito mais do que no Japão. As pessoas sentem-se seguras andando pelos parques da cidade sozinhas, usando transporte público ou, muitas vezes, caminhando pelas montanhas, independentemente da hora do dia: cultura muito disseminada nos países nórdicos, principalmente em período de pandemia. Segundo Niklas, um estudante finlandês que me ajudou a ler algumas placas de estações de metrô na cidade, para que eu chegasse ao meu destino final, de 12 bolsas deixadas intencionalmente em diferentes locais de Helsinque, 11 foram devolvidas aos seus legítimos proprietários, de acordo com um estudo global de honestidade feito pela *Reader's Digest*.

Entre uma estação e outra, Niklas explica-me que, durante o período de quarentena, muitos residentes de Helsinque transferiram praticamente suas residências para as montanhas, algo comum no período do curto verão que enfrenta o país. Aproveito a conversa para lhe fazer a mesma pergunta, a qual eu já havia feito a vários finlandeses que estavam no barco comigo entre Talin, a capital da Estónia e Helsinque: qual o melhor lugar para ver o tão famoso sol da meia-noite? A conversa parecia ser roteirizada, ou seja, fluía de uma forma que eu cheguei a pensar que estava falando com um especialista finlandês.

— Já que você terá pouco tempo na cidade, eu faria como todos os residentes e turistas, ou seja, iria visitar a mais popular ilha de Suomenlinna, que abriga a fortaleza de mesmo nome. A Fortaleza de Suomenlinna foi construída no século XVIII, quando a Finlândia estava sob dominação sueca, para protegê-la de invasões russas. De lá, você pode ter a melhor visão do sol da meia-noite sem sair de Helsinque.

— Você também deve ter ouvido falar que a Finlândia é a terra de mil lagos. Bem, também é uma terra de mil florestas. Mais de 70% da Finlândia é coberta por belas florestas — mais do que qualquer outro país europeu — e em uma área maior que a Grã-Bretanha e a Itália. Os 188 mil lagos da Finlândia são tão grandes que faz com que o país possua a maior área coberta de água de qualquer país do mundo em relação à massa terrestre. E as águas finlandesas estão entre as mais limpas do mundo.

Ao me despedir de Niklas, e ter que me aventurar sozinho pelas estações do metrô até encontrar o meu hostel onde havia prenotado, tive que mais uma vez pedir ajuda a Irina, uma jovem estudante russa, para poder encontrar a saída exata do metrô. Ela me explica que eu não deveria me preocupar, porque a minha direção era ao lado da universidade para onde ela estava indo; portanto, teríamos que sair na mesma estação. Eu ainda impressionado com a quantidade de gente que visita as florestas finlandesas, pergunto a Irina se aquilo era normal naquele país.

— O termo finlandês, Jokamiehen Oikeus, significa que você é livre para se mudar e residir em qualquer lugar da natureza. Na floresta, existem cogumelos, bagas e maravilhoso ar fresco, e apreciamos o aroma, o sabor e o som de uma das últimas áreas selvagens da Europa. Isto é um privilégio que temos nos países escandinavos, principalmente aqui na Finlândia.

A receptividade finlandesa não para por aí. Ao sairmos da estação do metrô, Irina conduz-me diretamente a uma máquina para compra de um bilhete de ônibus e me explica que devemos comprar um bilhete. Antes mesmo de eu lhe informar que eu tinha apenas notas de 20 Euros, ela tira seu cartão de crédito e compra dois bilhetes diários, um para mim e outro para ela.

— Não se preocupe, é barato, custa apenas 2,80 Euros e este bilhete lhe dará direito a viajar entre ônibus e metrôs por 24 horas.

Ao chegarmos próximo à universidade de Helsinque, ela explica-me em qual direção eu deveria ir para chegar até o meu hostel. Eu deveria seguir por um parque de pastos verdejantes, onde dezenas de pessoas se estiravam procurando aproveitar os raios de sol que brindavam os finlandeses naquele dia, até chegar em uma grande avenida de prédios de estilo barroco misturado com Art Nouveau. Antes de seguir o meu caminho, procurei sentar-me em um banco do parque para tomar um pouco de água e comer um sanduíche que eu mesmo havia preparado antes de chegar a Helsinque.

Após algumas horas, percebo que vinha em minha direção uma garota de idade mediana, empurrando um carro de bebê, com uma criança ao lado, e este, por sua vez, puxando um cachorrinho. Ao se aproximar de mim, pergunto se ela poderia me informar com precisão onde ficaria o Café Kappeli, pois o meu ponto de referência —além de charmoso — é um dos restaurantes mais antigos da Finlândia, aberto em 1867. Ela, sem hesitar, explica-me que o local onde estou é superconhecido e fica próximo à Havis Amanda, uma escultura de uma mulher pelada e bem perto da esplanada.

No hostel em que eu fiquei hospedado, os temas das conversas entre os hóspedes giravam em torno do sol da meia-noite, da gentileza e da educação dos residentes de Helsinque. Para comtemplar esse fenômeno da natureza, até então um tanto deslumbrante para mim, juntei-me a um grupo bastante heterogêneo. Um turco, que havia concluído o seu mestrado em engenharia mecânica na universidade de Helsinque; uma suíça, que havia chegado à capital da Finlândia para um congresso, contudo, devido ao coronavírus, fora cancelado; e um garoto do Nepal, que trabalhava na recepção do hostel, porém, naquele dia, ele estava de folga e se comprometeu a nos seguir até a ilha de Suomenlinna, para vermos o tão famoso sol da meia-noite.

Para as pessoas que vivem abaixo da linha do equador, uma claridade solar após às 18h já é algo estranho; imagina uma claridade solar entre as 22h e 4h da manhã, o que é algo para além de imaginável. Todos os jovens se reúnem nas praias, praças, parques e montanhas para apreciar de perto esse fenômeno, o qual, segundo o nepalês, também pode ser visto de Talin. Durante toda a *noite-dia*, jogam, conversam, bebem e fumam. O mais interessante de tudo para mim foi a impressão de que cada estrangeiro poderia ter desse fenômeno. Percebi que entre as 2h e 3h havia uma aparência de crepúsculo, ou seja, seria uma aparência como de um pôr do sol, na realidade era o início do nascer do sol. Às 6h, ao voltarmos para o continente, observei que a vida seguia como antes eu havia visto antes de chegar na ilha, ou seja, para os trabalhadores finlandeses, esse dia era um dia como tantos outros; por isso, a vida deveria seguir o seu rumo.

Outro fenômeno que chama atenção de muitos turistas ou estrangeiros residentes nesse país é a quantidade de mosquitos no verão finlandês. Eu, como amante de carnes exóticas, fui enviado para visitar o Antigo Mercado — *Old Market Hall* ou *Vanha Kauppahalli* —, que fica na região portuária, onde se pode deliciar vários tipos de pescados e carnes selvagens. Ao lado de minha mesa, havia quatro senhores conversando; pela aparência, eram pastores de rena, aproveitei para perguntar sobre o motivo de tantos mosquitos. O esclarecimento não veio, mas a resposta foi convincente:

— Por exemplo, se você perguntar a um criador de renas sobre os mosquitos, ele certamente lhe dirá que espera que um verão chegue com muitos deles. Seu argumento é baseado no seguinte: quanto mais mosquitos, menos trabalho para eles quando procuram as renas na floresta (vivendo em semiliberdade), porque, no verão, havendo muitos mosquitos, esses animais permanecem juntos em forma de abacaxi e o trabalho do pastor é simplificado.

3.21 LITUÂNIA: A BELEZA DO CATOLICISMO ORTODOXO

Capital: Vilnius
Língua oficial: Lituano
Governo: República semipresidencialista
População: 2.821.674
Moeda: Euro

A beleza da Lituânia pode ser vista a distância. A entrada no país por vias terrestres — seja partindo da Polônia, Bielorrússia, Letônia ou Rússia —, presenteia-nos com uma pastagem verdejante, lagos abastecidos com águas cristalinas, senhoras idosas com seus cestos cheios de verduras, frutas e produtos tecidos por elas mesmas, cúpulas de igrejas e catedrais ortodoxas, e casas típicas de zonas rurais em suas cores pastéis e seus telhados de sapê, metal, colmo, junco ou de palha de cana. Essas casas possuem formas exteriores muito expressivas. Telhados de quatro inclinações formam enormes aviões e dominam a vista exterior da paisagem. A entrada principal dá um tom de originalidade a cada casa. Por trás, vê-se um abrigo semiaberto que destaca a entrada principal e, ao mesmo tempo, enfatiza suas características arquitetônicas.

Segundo Adrius, um lituano de meia idade que mora na Polônia e trabalha na Polícia de fronteira, nessas casas os números de quartos diferem de acordo com as proporções das paredes e seus telhados externos:

— As casas de habitação Dzūkai são semelhantes às de Aukštaitija. Elas são menores e mais modestas no interior.

Ao se aproximar de Vilnius, capital da Lituânia, observo, pela janela do trem, as cúpulas das catedrais e igrejas ortodoxas russas com suas cruzes de variantes cristã, com três travessas horizontais e a inferior inclinada. É o símbolo da igreja ortodoxa russa, também conhecida como cruz bizantina, oriental ou eslava. Conforme o ditado popular: para onde nos virarmos, veremos, no mínimo, três cúpulas ou cruzes indicando, assim, um povo fervorosamente católico e orgulhoso de sua religião. Essas igrejas de estilo barroco, em vários momentos de guerras e lutas, serviram ao povo russo e aos lituanos de abrigo. Pois não é à toa que a cidade velha de Vilnius em 1994 entrou na lista dos patrimônios mundiais da Unesco.

Para os aventureiros nos países bálticos que adoram história, arquitetura e religiosidade, uma das igrejas que mais chama a atenção por sua imponência é a de Santa Ana. Segunda a lenda, Napoleão em sua passagem por Vilnius a caminho da Rússia tinha se admirado tanto com a beleza dessa igreja que até pensou em levá-la na palma da mão a Paris. Nos períodos mais conturbados nessa cidade, essa preciosidade barroca serviu como quartel para as tropas napoleônicas. Bem ao lado da igreja de Santa Ana, encontra-se a Bernardina, ponto de encontro dos lituanos contra a ocupação russa. Em contraste com os outros países bálticos, a Lituânia é católica. Cerca de 80% da população professa a Igreja Católica; 4% pertencem à Igreja Ortodoxa Russa. Existem também pequenas minorias protestantes e muçulmanas. As tradições e costumes nacionais estão profundamente enraizados na religião. Porém, nem sempre foi assim.

Diz-se que os primeiros assentamentos judeus existiram desde o final do século XV. Algumas décadas depois, *Vilna* recebeu o privilégio de *non tolerandis judaeis* do rei polonês Sigismundo; assim, os judeus não tinham permissão para se estabelecer na cidade e fazer negócios. Desde a década de 1590 — após um violento pogrom suportado pela população local —, os judeus eram então permitidos por meio de um consentimento do rei Sigismundo III a mais uma vez reassentar-se em Vilnius; Os judeus receberam direitos residenciais e comerciais em um bairro judeu protegido; algumas famílias também viviam ali sob a proteção de nobres poloneses.

Em meados do século XVII, grande parte da população judaica fugiu da cidade dos cossacos. Os que ficaram para trás foram assassinados e o bairro judeu incendiado. Nas décadas seguintes, a comunidade judaica foi capaz de se recuperar de grandes dificuldades e cresceu significativamente em número. Nessa época, havia atividades comerciais suprarregionais de mercadores judeus com a Alemanha, Rússia e Império Otomano. A fome (1709/1710) custou mais de 30 mil pessoas, incluindo cerca de 4 mil judeus. Quando Vilna estava sob domínio russo, a economia do centro da cidade se expandiu, que foi decisivamente moldada pelos judeus.

Pelo fato de eu ser cidadão alemão também me interessou saber qual a herança germânica deixada naquele país. Interessante é que, especialmente no oeste do país, na região Menor da Lituânia, de repente, encontramos muitos elementos alemães. Até 1920, essa parte da Lituânia pertencia à Alemanha ou à Prússia. Ainda existem alguns lituanos que falam alemão. Na cidade portuária mais importante da Lituânia, Klaipeda, fiquei sabendo que o passado alemão, especialmente na época da 2ª Guerra Mundial, ainda causa muita dor e amargura nas pessoas. Por exemplo, quase toda a população judaica da Lituânia (mais de 200 mil pessoas) e sua cultura foram exterminadas pelos nacional-socialistas. No entanto, encontrei monumentos e museus de escritores alemães nessa viagem.

O peso da herança soviética também ainda é muito doloroso para os lituanos. Esse pequeno relato sobre a história é contado em forma de seminário, oferecido pelo museu da KGB para os visitantes. Além das técnicas de torturas, comunicação, invasão e espionagem contadas em filmes, fotos e utensílios, há também uma para o futuro. O professor de história conta que o futuro da Lituânia, em 1991, parecia bastante sombrio. O ex-exército soviético e agora russo ainda estava em território lituano, além disso era imperativo negociar os termos de sua retirada o mais rápido possível. Os acontecimentos de 1993, quando o presidente russo Boris Yeltsin ganhou o controle sobre o teimoso parlamento de seu país, deixaram claro que a situação na Rússia continuava imprevisível. Por meio de negociações bilaterais e pressões na Comissão de Segurança e Cooperação na Europa (CSCE, hoje OSCE), os negociadores lituanos chegaram a um acordo com a potência ocupante sobre a retirada das tropas nesse mesmo ano.

O exército soviético, que estava na Lituânia havia meio século e ameaçava diretamente a independência do país, finalmente se retirou. Ao mesmo tempo, tornou-se necessária a construção de uma defesa nacional, que, na época, quase não existia. Não havia dúvida de que nenhum exército lituano, por maior que fosse, seria capaz de manter o país seguro por conta própria.

Ao longo dos últimos 25 anos, a Lituânia reestruturou a sua economia e adaptou-a às necessidades do mercado livre, para que fosse competitiva e orientada para a exportação. A privatização atingiu proporções sem precedentes e as velhas e obsoletas empresas de grande escala da era soviética foram fechadas. Hoje, a Lituânia tem a rede- wlan pública mais rápida do mundo e é um dos exportadores mais importantes de lasers industriais.

O mais interessante também nessa cidade é o contraste entre a tradição e a modernidade. Incontáveis igrejas (barrocas) com as típicas torres de sino separadas ficam em frente a edifícios altos de vidro. Quando cheguei à capital Vilnius, percebi imediatamente essa interação de tradição e modernidade. Quer seja o centro da cidade medieval ou locais de culto góticos e barrocos, o povo de Vilnius preservou os seus diversos tesouros culturais durante séculos de guerras e domínio estrangeiro. Da mesma forma, seus costumes nacionais ou a língua lituana. O idioma desse país é um dos mais antigos e intocados da Europa. Para mantê-lo assim, por exemplo, nenhum anglicismo é usado em lituano, mesmo a população mais jovem falando fluentemente inglês.

3.22 LETÔNIA: RIGA, CAPITAL DA ART NOUVEAU

Capital: Riga
Língua oficial: Letão
Governo: República Parlamentarista
População: 1.919.968
Moeda: Euro

Riga, como a maioria das capitais do mundo, é o centro político, cultural, populacional e econômico do país. Ela é banhada pelo mar báltico e entrecortada pelo rio Duína. Segundo dito popular, o país tem uma extensão territorial para 12 milhões de habitantes, entretanto, como se vê, há menos de 2 milhões; portanto, para quem entra nesse país, seja por mar, terra ou ar, o que se vê são porções de terras desabitadas; portanto, não abandonadas. Nesse pequeno país, no nordeste da Europa, são vistos parques aquáticos, rios, lagos, bosques, florestas, ou seja, uma natureza que reserva uma diversidade botânica, de fauna e flora de causar inveja a qualquer amante das regiões tropicais.

A minha chegada a Riga ocorreu de ônibus, em uma estação central que fica logo ao lado de um mercado público, de onde exala o cheiro das flores, das frutas, verduras, carnes exóticas e uma variedade de pescados. E foi para lá que me dirigi para matar a fome de 4 horas de viagem. Esse mercado central não é apenas lindo pela beleza arquitetônica ou pela forma como são separadas as iguarias, e sim pela diversidade de frutas, verduras, especiarias e alimentação; além disso, um dos pontos fortes desse mercado é o artesanato local. Diante de tantos locais que me chamavam a atenção, procurei um café que estava logo ao canto, cercado por uma cerca de madeira, aparentando um terreiro de uma casa letã.

O atendente era o Alex, um bielorrusso, residente em Riga, o qual chega a afirmar que essa cidade, como capital, talvez tenha até algo para oferecer em matéria de cultura e gastronomia, sem falar em negócios, economia, política; porém, o que se vê em Riga é apenas um terço do que o país tem para oferecer a um turista, que, por sua vez, ainda continua intocável para a maioria da população letã, devido ao alto valor cobrado nas regiões de turismo ecológico.

— A Letônia é um país de grande fauna e diversidade vegetal: podemos encontrar espécies oceânicas e continentais, sendo muitas delas consideradas raras. Sua vegetação principal é a floresta, mais de 45% do seu território é floresta, seguido por grandes planícies, turfeiras e pântanos.

Com seus fixos olhos azuis, sua barba ruiva e seus dois metros de altura, Alex continuava me explicando sobre a beleza da Letônia.

— Este país é um dos maiores exportadores europeus de turfa natural. Portanto, o maior potencial turístico da Letônia é sua natureza intocada, praticamente desconhecida do turismo internacional que está centrado em sua capital, Riga.

Riga, como capital, não deixa nada a desejar, porém, também, não há nada de exuberante. Como a maioria das cidades europeias, vê-se sempre uma parte velha e outra nova. A parte velha é recheada de bares, restaurantes, prédios renovados do período soviético, museus contando a história da invasão russa. Nessa capital, ainda se vê os imensos parques de árvores frondosas com suas estatuas grandiosas contando seus períodos de glórias. No entanto, o que não passa despercebido também nessa cidade é a quantidade imensa de pedintes e embriagados, em sua maioria, de origens russas que recheiam as calçadas e marquises de prédios públicos às primeiras horas da manhã. É quase impossível sentar-se em uma mesa fora do restaurante ou bar para apreciar os poucos minutos de sol, que você não seja incomodado por um, que chega ao seu lado pedindo um cigarro ou um euro.

Também não se pode deixar de exaltar a riqueza dessa cidade. Entre as três capitais bálticas, Riga ainda é a que mais investimentos atrai de seus vizinhos russos e escandinavos — e isso é muito claro; basta apenas andar pelas ruas de olhos bem abertos para notar uma parcela da sociedade bem abastada. Seja devido aos carros que dirigem, às roupas e às joias que usam ou às lojas que frequentam. Para Kristaps, um garoto letão de aproximadamente 23 anos, que me ajudou a encontrar o bairro Art Nouveau em Riga, essa classe mais abastada na Letônia é, em sua maioria, formada pelos filhos dos oligarcas russos, assim como por uma pequena parcela dos letões que conseguiram se manter no poder após a liberdade da Letônia.

A parte nova da cidade de Riga foi desenvolvida a partir da segunda metade do século XIX. Além dos parques e espaços verdes que surgiram nas antigas fortificações da cidade, as partes velha e nova se conectam pelo Freedom Boulevard, ou seja, é um monumento que representa a paz. Para Vikoschenko, um vendedor de quadros na Freedom Boulevard, muitos turistas são arrastados a Riga por ser a capital mais próspera dos Balcãs, porém esquecem que Riga só recebeu o título de patrimônio mundial da Unesco devido às históricas casas de madeiras.

Outro ponto bastante interessante que se vê em Riga é que as ruas, a qualquer hora do dia, podem se transformar em um palco de orquestra, principalmente à noite. Kristaps explicou-me que os letões sempre foram pessoas amantes da música.

— Já em 1873, o primeiro festival de música exclusivamente letão foi realizado em Riga. O festival de música folclórica, que acontece a cada cinco anos e atrai regularmente dezenas de milhares de cantares e dançarinos a Riga, se desenvolveu a partir daí.

Mas, mesmo na vida cotidiana, acordeonistas e violoncelistas, flautistas, bateristas, violinistas e muitos, muitos cantores transformam as ruas e praças de Riga em um palco orquestral gigantesco — para o deleite de mais de 1,6 milhões de turistas estrangeiros a cada ano. Mas na Riga moderna, o Techno é mais popular do que a tradição. Para apreciar a beleza arquitetônica ao som de uma boa música, aventurei-me a andar de Riquixá, mesmo sendo contra esse meio de transporte. A cidade está em clima de festas. Os alto-falantes foram construídos nessas bicicletas, por meio das quais turistas são conduzidos pelos paralelepípedos, de modo que a arquitetura da virada do século, os monumentos e os edifícios de tijolos deslizam pelos olhares dos passageiros ao som de um belo baixo.

O mais interessante é o slogan usado nos Riquixas: *"Se a música estiver muito alta, você está muito velho"*. Esse lema também é usado nos pubs musicais, cafés, clubes e bares bilhares, lojas de *souvenirs* e estúdios de tatuagem. Pavel, um polonês e estudante de literatura eslava, explica-me que o sonho de Riga e de muitos letões é transformar a cidade na Barcelona dos Balcãs.

— Parece estarmos embriagados. As noites desta cidade parecem, cada vez mais, extravagantes, principalmente agora que recebemos uma padronização ISO.

Esse sonho parece transcender os desejos e ir aos poucos transformando-se em realidade. Nos grandes centros comerciais espalhados pela cidade, já se veem fachas e dizeres fazendo alusão à cidade catalana. Porém, o que falta mesmo é o clima propício. Será que os letões irão conseguir transformar Riga em Barcelona pelo menos nas quatro semanas de sol que lhe restam ou Riga será a Barcelona fria dos Balcãs? Será que os letões imaginaram tudo isso quando Riga se tornou a capital do estado soberano da Letônia em 1991, após mais de 50 anos de ocupação soviética? Creio que sim! Pelo menos para os transeuntes que circulam no centro de Riga, observando esculturas que comemoram a turbulência, a Guerra Fria e a *perestroika*.

3.23 ESTÔNIA: A MAIS BELA DOS BÁLTICOS

Capital: Tallinn
Língua oficial: Estônio
Governo: República Parlamentarista
População: 1.329.824
Moeda: Euro

A confiança, a consciência, o humanismo e a força de um povo podem ser medidos pela sua história. Tudo isso, para muitos observadores externos, pode ser confundido com arrogância, desprezo, falta de humanismo e soberba. Quem entra em Tallinn, capital da Estônia, não consegue perceber, de cara, a atrocidade vivida por esse povo, moldada pela mudança de domínio estrangeiro desde 1290; primeiro, sob os dinamarqueses; depois, sob a ordem teutônica; depois, sob a Polônia-Lituânia e Suécia; e, por fim, pela Rússia. Todos esses povos aqui citados deixaram cicatrizes de seus domínios, seja no corpo ou na alma do povo estoniano ou, às vezes, nos dois.

Não houve melhores ou piores! Qualquer forma de opressão, dependência, autoritarismo, ocupação e abolição de liberdade deixam marcas que perduram por gerações. O que se pode perguntar é: qual das ocupações foi a mais brutal? Para os estonianos, não há dúvidas de que foi a ocupação russa, que durou em seu primeiro momento, de 1710 a 1918, quando os russos conquistaram algumas cidades que estavam em poder da Suécia e, finalmente, com a rendição de Tallinn. A história conta que, sob o comando russo, a situação dos agricultores piorou muito, visto que Peter I suspendeu as reformas suecas que davam mais porções de terras e poder de compra e venda aos agricultores locais e restaurou os privilégios dos proprietários alemães, causando, assim, perseguições e opressões aos estonianos.

A liberdade para respirar, a Estônia só veio conhecer entre 1918 e 1940, com o período de independência, porém não durou muito tempo para que ela caísse mais uma vez nas mãos da União Soviética. Sob enorme pressão e ameaças de violência, a Estônia, junto da Letônia e da Lituânia, foi anexada à União Soviética em 1940, de acordo com as disposições do pacto de não agressão germano-soviético para delimitar e definir as esferas de interesse alemã e soviética. De acordo com a interpretação soviética, os estados bálticos aderiram à URSS, mas, durante todo o período da adesão da Estônia à URSS, houve um governo estoniano no exílio, cuja continuidade também é reconhecida na interpretação oficial atual da Estônia. A anexação também não foi amplamente reconhecida internacionalmente até que a independência foi recuperada no início dos anos 90 do século passado.

Independência, unificação dos estados, soberania, acordos internacionais, divisão geográfica, nenhum desses conceitos assegura a política da boa convivência, quando dentro de suas fronteiras nacionais o poder cultural, linguístico e histórico de um povo é devastado por um outro poder impostor. Isto, até os dias atuais, é latente na sociedade estoniana em relação ao processo de russificação. Para entender mais sobre esse processo, aproveito uma visita guiada pelo museu nacional da Estônia no palácio de Maarjamäe, que conta as várias épocas da história do país. A historiadora Elisabeth, que nos guia no museu, explica-me que a russificação refere-se a todas as medidas na política interna russa e posterior soviética para expandir a esfera de influência da língua e da cultura russa à custa de outras línguas e culturas no sentido de um processo de transculturação.

A consequência de tudo isso, pelo menos na Estônia, o que se vê, não é apenas uma riqueza cultural e linguística herdada da União Soviética no seio da sociedade estoniana, e sim uma negação e rejeição cultural histórica por parte da política nacional e da própria sociedade. Como exemplo, posso citar aqui o caso de uma nacionalização de um cidadão russo residente na Estônia, o qual tem que comprovar domínio da língua nacional, conhecimento histórico, político e geográfico, mais tempo de residência. O anglicismo como forma de sobreposição ao idioma russo nas escolas e uma forma de abertura econômica com os Estados europeus. Apesar dos numerosos programas estatais, ainda não foi possível integrar totalmente os residentes de nacionalidade não estoniana que imigraram ou se estabeleceram propositalmente durante a União Soviética.

Mesmo com todos os problemas políticos e sociais pulsantes de uma sociedade em formação, a Estônia mostra-se firme, forte e bela em seus propósitos. Após recuperar a independência, a Estônia reorganizou completamente sua sociedade com base no modelo escandinavo: poucas hierarquias, muita transparência nos órgãos do Estado, tecnologia de comunicação moderna. Isso levou esse pequeno país báltico, em 2004, a ter o Euro como moeda nacional e uma das maiores taxas na educação em 2019, quase igualando à Finlândia.

A infraestrutura montada para a conexão com transportes públicos dispensa qualquer comentário. A malha viária da Estônia se conecta entre ônibus, Uber, táxis, trens, trens elétricos e bicicletas. Para quem tem que se deslocar entre as dezenas de ilhas, ou com os países do continente, também podem se conectar com navios e aviões.

Para termos uma ideia da grandeza desse pequeno país, em matéria de digitalização, na Estônia, o Estado garante aos seus cidadãos o acesso à internet por lei desde 2000. Em todo o país, existem pontos de acesso wlan à internet, com os quais as áreas habitadas são cobertas. Cerca de 99% do país é coberto por essa rede de hot-spot gratuita. Se você não tem seu próprio computador, pode navegar na internet gratuitamente em um dos 700 terminais públicos nos correios, bibliotecas ou lojas da cidade. Todas as escolas estão on-line. A Estônia possui as maiores conexões de internet per capita em todo o mundo.

A beleza da Estônia não está apenas na infraestrutura, arquitetura, ou em sua paisagem pitoresca, mas também em sua juventude educada, informada e formada. A maioria de seus jovens falam vários idiomas além do estoniano. Para Kaja, uma estoniana, estudante de sociologia que aproveita as férias de verão para trabalhar na recepção de um hostel onde estive hospedado, informa que após a entrada da Estônia na União Europeia, tudo mudou.

— Tornamo-nos mais livres. Passamos a ter acesso a outros bens culturais que não tínhamos até o momento, um exemplo concreto é o projeto "Erasmus", que nos deu direito de escolha em passar de seis meses a um ano, em qualquer país com qual nossa universidade tivesse convênio.

Outro ponto levantado por Kaja foi em relação à abertura econômica voltada para o Turismo.

— Com isto, pudemos conhecer melhor outras nacionalidades mais de perto. Saber como eles se comportam e de que formam vivem. A minha experiência particular aqui neste hostel me mostra que, além de eu colocar meus idiomas em prática, possibilitou fazer amizades com várias pessoas do mundo inteiro. Aqui eu conheci pessoas, por exemplo, nascidas na Austrália, de pai inglês, mãe sul-africana e criada nos Estados Unidos. Aqui me tornei muito mais tolerante em relação ao estrangeirismo.

Após conhecer os três países bálticos, perguntei-me de onde vem toda essa abertura do povo estoniano? A única resposta poderá ser que, formalmente, a Estônia pertence aos Estados Bálticos; culturalmente, porém, a maioria dos estonianos se sente mais próxima dos finlandeses do que dos letões e lituanos. A capital da Estônia, Tallinn, e a capital finlandesa, Helsinque, estão há apenas 85 quilômetros uma da outra — a serem percorridas em 90 minutos por balsa de alta velocidade. Estonianos e finlandeses têm os mesmos ancestrais: as tribos fino-úgricas que imigraram dos Urais. Suas línguas também vêm da mesma família. São línguas finlandesas do Báltico: quase sem sons fortes, mas com um número enorme de vogais. *Jäääär*, por exemplo, significa algo como *borda do gelo*; e *Töö-öö* é o que o estoniano chama de uma noite em que trabalhou. O número de vogais na língua estoniana é realmente excedido pelo número de casos gramaticais: enquanto a língua alemã se sai bem com nominativo, genitivo, dativo e acusativo, o estoniano distingue 14 casos, o finlandês até 15.

Bom, então, para mim, não seria tão complicado, pois eu deveria aprender apenas mais 10 casos para falar estoniano e 11 para falar o finlandês. Brincadeira, não é?

CAPÍTULO 4

ÁSIA

4.1 TURQUIA: ISTAMBUL - ORIENTE, A PORTA PARA O OCIDENTE

Capital: Ancara

Língua oficial: Turco

Governo: República Parlamentarista

População: 71.158.647

Moeda: Nova lira turca

"Tchai, Tchai, Tchai!", gritava um garoto de um bar no Porto de Kadiköy, lado oriental de Istambul, às 4h, horário local. Ele buscava chamar a atenção dos transeuntes e/ou dos passageiros desembarcantes do aeroporto de Sabinha. Lembrando que, nesse horário, a neve estava a aproximadamente 10 centímetros, e o frio chegava a atingir seus 5 graus negativos. Nesse contexto, havia vendedores que, por sua vez, reuniam-se ao lado de um tonel do qual saía um tipo de fumaça, mostrando resquícios de fogo ali existente ou algum agasalho contra o frio. Ao ver aquela cena, procurei de imediato ver de que se tratava. Confesso que não tive coragem de lutar por um espaço entre os vendedores. Por isso, decidi entrar em um bar e pedir o tal *Tchai*, um típico chá preto, desses vendidos em mercados populares no Brasil, enquanto esperava o primeiro *ferryboat*, a partir de 7h10, em direção ao Ocidente.

Percebi que os turcos, por considerarem qualquer assunto tema de uma longa conversa, sempre a realizam na companhia de um *Tchai*, especialmente se o turista é estrangeiro. Durante o trajeto entre o aeroporto e o porto, fui alertado por vários passageiros a ter muito cuidado com a minha mochila, já que a área de porto é perigosa. Enquanto o dia não clareava e o porto abria, preferi seguir tomando o meu *Tchai*. Nesse intervalo de tempo, procurei ler meu livro de turismo e ver quais monumentos poderiam ser visitados naquele lado de Istambul. Ao abrir o livro, perceberam o meu desconhecimento do árabe, assim como não sabiam a minha procedência. Em seguida, sou surpreendido como a seguinte pergunta:

— O senhor é africano?

Respondi-lhe que não e continuei a ler meu livro! No entanto, os turcos são insistentes! Enquanto não se fala de onde vem, ficam ali tentando adivinhar a origem do turista. Nada que chegue ao extremo, claro! Após tanta insistência, falei que vinha de Hamburgo e havia nascido no Brasil. Melhor tivesse não respondido! Foi o fim do sossego!

Um dizia:

— Hamburgo? Alemanha? Ah, eu também tenho família lá! É verdade que as pessoas de lá possuem um Mercedes? Por falar em Alemanha, esta camisa é presente do meu primo residente lá há quase oito anos! Meu sonho é morar lá também!

Outro dizia:

— Você sabia que nós torcemos pelo Brasil no Mundial? Bom, a Turquia jogou muito bem, mas o Brasil é sempre o melhor. Para nós, foi melhor perder para o Brasil do que para a Alemanha, caso contrário "estaria gerada uma guerra mundial!".

Após ouvi-los, olhei para o relógio e percebi que já era hora da abertura do porto. Despedi-me e saí, caso contrário, o papo sobre futebol certamente se prolongaria por dias e noites. A travessia foi tranquila, embora um funcionário da Universidade de Istambul, o qual faz a travessia duas vezes ao dia, tenha me informado de que o horário do rush é sempre o primeiro e o último. O *ferryboat*, àquela hora, só transportava trabalhadores que pendem entre o oriente e o ocidente ou vice-versa. Cada um com sua bolsa por meio da qual transportam suas ferramentas de trabalho, não podendo faltar a coroa de rosa, típico símbolo do islamismo. O fato é que, naquela manhã, fui o centro das atenções. Os mais ousados em falar uma língua estrangeira se aventuravam a fazer-me perguntas como: "*o que faz o senhor aqui?*", "*o senhor é de onde?*". Já outros exclamavam: "*a Turquia está muita fria!*".

Enfim, abre-se a porta para o Ocidente. Sem querer perder tempo, chego ao hostel, já reservado da Alemanha, e procuro, de imediato, deixar a mochila no quarto e voltar ao lado oriental para não perder a festa em uma mesquita, realizada toda sexta-feira, dia santo para os muçulmanos. Segundo a história turca, essa mesquita havia servido de amparo para vários refugiados de batalhas travadas entre muçulmanos e cristãos. No barco, encontro-me com um argentino já visto no hostel. Aproximamo-nos e descubro que ele vivia na Índia e havia procurado a Turquia porque lá começou toda a história do Ocidente, segundo ele. Chegando à mesquita, além de todo o ritual já conhecido por muitos ocidentais, como tirar os sapatos, lavar os pés, mãos, ouvidos e rosto antes de adentrá-la, um problema enfrentado por nós foi o fato de não sabermos cantar em língua árabe; além disso, tivemos que girar a cabeça para a direita e esquerda, com as mãos na altura dos ouvidos, baixar e subir, curvar os joelhos, colocar o corpo para frente; enfim, tudo isso várias vezes e em forma e ritmos sincronizados, mais parecendo um balé. Terminada a cerimônia, fomos convidados pelo pregador da mesquita para fazer parte de uma refeição cuja comida era carne de bode e pão feito seguindo os padrões das leis islâmicas.

Durante a refeição, a alta cúpula da mesquita ali presente perguntou-nos sobre o motivo de dois rapazes ocidentais se interessarem pela religião mulçumana num momento em que o mundo ocidental rejeitava todo assunto relacionado ao Islamismo. Falamos-lhes sobre o Império Bizantino, Constantinopla, a provável entrada da Turquia na União Europeia e o mundo ocidental. Percebemos nossa conquista sobre os turcos, bem como que já era hora de partir para o hostel, pois no outro dia era *Sabat*, o dia santo dos judeus e, por isso, nossa presença deveria ser em uma sinagoga há poucos metros dali. Na sinagoga, fomos recebidos pelo rabino Habraa, um velho turco de aproximadamente 80 anos, de fala mansa. Antes de tomarmos parte na cerimônia, foi-nos explicado como se comportar, em que local se sentar, bem como todos os procedimentos para não interromper a oração dos fiéis, visto haver, para o povo judeu, significado(s) em todas as ações ali realizadas, principalmente quanto ao pão e ao vinho.

Na sinagoga, a cerimônia é diferente. O ritual já começa mesmo na porta: todo fiel tem de passar a mão direita em um vidro, tipo tubo de ensaio, onde há uma oração. Em seguida, colocar um Quipá na cabeça — aquele chapeuzinho semelhante ao do Papa. Além disso, os homens são separados das mulheres para dar início à cerimônia de abertura. Feita a oração e alguns minutos de pregação, em idioma hebraico, chega a hora da divisão do pão e do vinho. Com o término da cerimônia, fomos convidados pelo rabino para alguns dedos de prosa. A curiosidade dele era saber a nossa opinião acerca da receptividade turca para conosco. Sem hesitar, expliquei o quanto estava surpreso não só com as boas maneiras dos turcos, mas também com a liberdade de religião e a tolerância do lado oriental de Istambul, pois, no domingo pela manhã, iríamos a uma missa em uma igreja católica romana.

O Rabino explicou-nos que toda essa abertura vivenciada hoje por nós em Istambul já vem sendo praticada desde o Império Bizantino, quando essa cidade, tanto do lado oriental quanto ocidental, reunia vários povos e culturas.

Vale ressaltar que, mesmo com essa abertura vivenciada por nós e reforçada pelo rabino, ainda há no lado oriental muitas práticas conservadoras. Assim, para quem deseja visitar Istambul, esperando ver uma cidade muçulmana dentro dos padrões islâmicos, a melhor escolha é essa outra parte da Turquia (a conservadora), pois, quando se abre o porto do ocidente, a visão é europeia.

4.2 ISRAEL: PAÍS NOVO EM TERRA VELHA

Capital: Tel-Aviv
Línguas oficiais: Hebreu, Árabe e Inglês
Governo: República Parlamentarista
População: 7.282.000
Moeda: Novo Schekel

O solo é seco. A água é escassa. Há derramamento de sangue por conta das muitas guerras que têm ocorrido, além de discrepâncias política, econômica, social e religiosa, levando em conta o tamanho do seu território, cuja extensão difere pouco do estado de Sergipe, no Nordeste do Brasil. Quanto a sua origem, na narrativa presente no livro do Gênesis, no capítulo 12, vemos Deus ordenar a Abraão, o último dos patriarcas hebreus, que se retirasse da sua terra, da sua parentela e seguisse até a terra que lhe seria mostrada, a Terra Santa ou Terra Prometida, cujo nome era Canaã. Nesta, Deus, conforme revelado a Abraão, seria o local de habitação de uma grande nação. Atualmente, com o nome de Israel, no Médio Oriente, a referida terra tornou-se palco de muitas guerras. Desde a criação do Estado de Israel, em 1948 até a contemporaneidade, foram poucos os anos de paz vividos com os seus vizinhos. Diferentemente de outros conflitos, as motivações para as guerras israelenses residem no fato de haver naquela região a coexistência de três grandes religiões do mundo: Judaísmo, Islamismo e Cristianismo. Hoje, os filhos da terra prometida ou descendentes de Abraão são chamados de israelenses ou israelitas.

Como se sabe, Tel-Aviv é a porta de entrada para Israel, além de ser a capital, é um grande centro financeiro. Foi lá o meu embarque pela primeira vez no verão de 2001, no aeroporto Bem Gurion em plena Intifada, pensando eu encontrar uma população a qual a Bíblia se refere como sendo o povo escolhido por Deus.

Como toda a capital ocidental moderna, Tel-Aviv possui um grande centro urbano, um trânsito caótico, uma grande área de lazer e uma grande quantidade de estrangeiros. E como se não bastasse, um imenso número de judeus oriundos do mundo inteiro. Um dos principais pontos turísticos da cidade é uma área próxima ao porto de Jaffa, bairro de maioria árabe, a abrigar galerias de artes, clubes noturnos, cafés com esplanadas e museus. Um que me chamou mais a atenção foi o Museu da Diáspora, localizado na rua Klausner, pois, nele, o visitante tem contato direto com a história do povo judeu e sua diáspora pelo mundo através dos tempos. Também é nessa região onde há outras atrações turísticas como as praias na costa do Mediterrâneo. O problema é que para o turista aventurar-se por elas, é necessário conhecer algumas regras do tipo: em Sheraton, domingos, terças e quintas-feiras são reservados para as mulheres; já nas segundas, quartas-feiras e sábados, a praia fica restrita aos homens. Outra regra é o banho, o qual, em qualquer dia, sem a presença dos salva-vidas é proibido. Para os mochileiros, a capital ainda é a área mais barata para se hospedar. Na área de praia, há várias formas de hospedagens e preços a variar desde um hotel cinco estrelas até as pousadas onde os viajantes têm a possibilidade de escolha.

Para a maioria dos viajantes a Israel, o objetivo é claro. Muitos deles sonham em conhecer a terra prometida onde Jesus andou, além de encontrar conforto religioso e fazer dinheiro, devido ao aquecimento da economia israelita. Algumas, entretanto, andam em busca de seus ancestrais e outras em busca de aventuras na terra desértica de Jacó, onde, para elas, começou a história da humanidade. No meu caso, gostaria de estar *face to face* com alguns sobreviventes do Holocausto por morar no país percussor do maior fato histórico do século XX para entender melhor o porquê do conflito Israel-Palestina já durante tanto tempo e, se tivesse um tempinho, saber o motivo de os judeus serem o povo escolhido por Deus. E foi durante minhas caminhadas noturnas no calçadão de uma praia em Tel-Aviv que encontrei três senhoras, com idades entre 70 e 80 anos, sentadas em um dos bancos enfeitando a orla. Após uma longa caminhada, decido sentar-me justo ao lado dessas senhoras. A conversa entre elas era em um idioma por mim desconhecido, ou seja, não era inglês, árabe ou hebreu, porém se sentia algo como de origem eslava. Não deu outra! Essas senhoras nasceram na Hungria e foram sobreviventes do Holocausto.

Uma delas contou-me haver, na infância, presenciado o assassinato de toda a sua família pela polícia SS da Alemanha. A outra fazia pequenos comentários sobre o assunto por ter a voz já debilitada, mas, apesar de não poder falar, olhava para a amiga como quem concordava com os comentários. Enfim, a primeira relatou-me serem ambas amigas de infância na Hungria e, no momento da invasão pelas tropas nazistas, conseguiram entrar na Áustria passando pela Itália e sul da França até chegar à Espanha, de onde tomaram um barco para o Marrocos. Lá, viveram juntas por 40 anos e, após a política de retorno à terra prometida encabeçada por Israel, resolveram residir em Tel-Aviv. Elas lembram com saudade do tempo vivido em Casablanca: cidade acolhedora e proporcionadora de uma nova vida.

— Toda essa viagem nos custou anos. Mesmo após a guerra, ainda continuávamos fugindo para um lugar mais seguro. Enfim, após anos de viagem, conseguimos chegar ao Marrocos, local a nos acolher de braços abertos. Eu ainda me recordo da travessia: éramos ainda adolescentes quando conhecemos um judeu espanhol, o qual nos informou ser o Norte da África o lugar mais seguro devido à quantidade de judeus lá foragidos. Ele nos deu um endereço de um rabino a ser procurado ao chegarmos do outro lado. Lá, vivemos 40 anos, porém posso afirmar: somos hoje marroquinas de coração! Infelizmente, as divergências religiosas e políticas entre nossos povos nos fizeram tomar um partido, ou seja, um lado onde ficar e seguir. Foi sempre assim!

O depoimento dessa senhora é recheado de emoções, contudo para quem vive em Israel, este não será o primeiro nem o último caso. Basta andar com os olhos bem abertos para ver as marcas da guerra tão latentes e recentes, pois uma das cenas mais frequentes em Israel é uma arma em punho. Ao tomar um coletivo pela manhã, senta-se ao meu lado um senhor aparentando 80 anos, o qual, em qualquer lugar do mundo, passaria despercebido, se não fosse uma série de números registrados em seu braço direito. Aqueles números significavam um registro de prisioneiro de guerra, ou seja, ali estava estampado o código do campo de concentração servido por ele, bem como a função desempenhada. Com o passar do tempo, essas cenas, nesse país, vão se tornando mais frequentes e insignificantes, porque a guerra atual não é mais contra os nazistas, e sim contra seus próprios irmãos: os árabes, descendentes de Ismael.

O (I)migrante:
conquistas, fracassos e esperanças

Em uma de minhas viagens pelo país, em específico, ao ponto mais baixo do planeta, Mar Morto, localizado a 80 quilômetros de Tel-Aviv, percebi ser o nome SEGURANÇA em Israel realmente escrito com letra maiúscula, ou seja, é extremamente levada a sério pelo povo judeu. Antes de partirmos da estação central de Tel-Aviv, o ônibus passa por uma série de vistorias sendo todas as bagagens conferidas e todos os passageiros obrigados a serem revistados para poderem tomar o coletivo. No período de 1h30, o ônibus foi revistado mais três vezes. O Mar Morto fica a 396 metros abaixo do nível do oceano, o que significa possuir uma salinidade tão grande a ponto de suas águas densas praticamente inviabilizarem o mergulho. Uma das cenas mais interessantes é conseguir ler um jornal sentado sobre a água sem submergir. Nessa região, encontram-se ainda duas das mais interessantes atrações do país: a fortaleza de Massada e as Grutas de Qumram, locais de descoberta dos célebres manuscritos cujas informações dizem respeito à vida dos essênios, povo com o qual Cristo havia passado supostamente parte de sua vida antes de revelar as mensagens de Deus aos homens. Já a fortaleza de Massada fica a alguns quilômetros dali e de onde se tem uma bela paisagem de todo o Médio Oriente, além de revelar um dos maiores dramas da história da humanidade. Foi nesse local que mil judeus cometeram suicídio coletivo entre 66 e 73 da Era Cristã, antes de caírem no domínio romano.

Ao chegar ao Mar Morto, ainda era manhã. O sol já chegava, aproximadamente, a 40 graus. Visitantes eram poucos, mesmo estando em alta temporada. Eu não sabia o quanto os turistas não se aventuravam a estar naquela região naquele horário devido à alta temperatura. Porém, parafraseando o dito popular: quem vai para o sol é pra se queimar. Tomei banho naquela água, a qual, segundo cientistas, para cada litro de água há 300 gramas de sal. Assim, tirei muitas fotos e me lambuzei na lama negra. Esta, de acordo com empresas de produtos de beleza, tem poder de curar e rejuvenescer. Isso, para mim, ficou registrado como o dia da beleza e da cura! Os turistas só chegaram mesmo no final da tarde, e, em sua maioria, são casais de noivos, os quais vem ao mar preparar-se para a sua noite de núpcias. Pelo menos era o objetivo de um italiano prestes a se casar no final de semana em Jerusalém. Ele aproveitou a oportunidade para fazer também, ali, sua despedida de solteiro com alguns amigos convidados. Durante toda aquela barulhada a *"la italiana"*, como é de praxe, nos conhecemos e resolvemos sair dali direto a uma cidade muito próxima daquela região, Jericó, localizada a 50 quilômetros ao norte de Jerusalém — a mais antiga cidade do mundo, com, aproximadamente, nove mil anos. Aconteceu que, antes de chegarmos a essa cidade, fomos parados por um grupo de árabes armados e agressivos, isto por não termos respeitado as sinalizações em árabe, hebreu e inglês, as quais diziam que não podíamos ultrapassar os limites de barreiras impostas a turistas e israelitas. Após o circo armado, resolvemos voltar a Jerusalém. Até hoje, penso se toda aquela agressão, na verdade, teria sido decorrente de o nosso carro conter uma placa israelita e todos os integrantes do veículo terem a aparência europeia.

De Jerusalém, preferi partir sozinho para o Mar da Galileia, local bastante representativo para os cristãos. Nas águas do rio Jordão, são frequentes cenas de batismo, como a de Jesus Cristo e seus discípulos por João. Nessa região, ainda se encontram restaurantes, cujo prato típico da época é pão e peixe servido com um copo de vinho tinto. Enfim, é hora de voltar a Tel-Aviv e reaver os próximos passos.

Tel-Aviv tornou-se para mim o reduto predileto, isso pelo fato de ali me sentir em casa. Também foi nela onde comecei a dar os meus primeiros passos a fim de conhecer gente e estudar um pouco de hebreu. Eu passava horas e dias dentro de sinagogas e mesquitas para escutar rabinos e pregadores árabes. Cada um defendia sua própria ideologia religiosa. Também foi lá onde conheci a mesma dose de ódio e amor e percebi o quanto eles andam lado a lado. Em Tel-Aviv, notei a obsessão de matar, e que, em qualquer momento da vida, o ser humano tem de tomar um partido, seja ele qual for. Um dos grandes exemplos foi dos dois brasileiros nascidos e crescidos juntos em um bairro do Rio de Janeiro, os quais, por ironia do destino, encontraram-se em Israel. Um era judeu (David) e o outro palestino (Roberto, conhecido como Beto). O ódio do judeu para com o palestino era tão grande a ponto de eles não se falarem. Em uma ocasião, na casa de uma família brasileira, o judeu chegou a dizer em público que gente daquela raça (se referindo ao palestino) deveria morrer e, só não o denunciava, por consideração aos outros brasileiros a apoiá-los.

Em Tel-Aviv, conheci uma mineira por nome Luciana, casada com um judeu uruguaio. Ela, por já viver muitos anos na capital israelense e conhecer de perto todo esse problema, pediu para eu ficar de fora em alguns momentos picantes de discussões que envolvem palestinos e israelitas, pois, naquele país, eu representava o outro lado da moeda, ou seja, eles viam-me como cidadão alemão. Luciana convidou-me para fazermos uma viagem ao Mar Vermelho, um dos mares mais azul já contemplado pelos meus olhos, aproveitando a oportunidade de sua mãe estar em Israel de passagem. Durante todo o trajeto, foram diversas as subidas e descidas dos soldados armados para fazerem vistoria no ônibus. Enfim, chegamos onde se pode chamar de: Nevada Israelense, Ibiza judaica, Punta del Este del oriente ou, quem sabe até, Riviera hebraica. Pois é, a região do mar vermelho é isso mesmo! É um conglomerado de hotéis cinco estrelas, restaurantes com cozinhas variadas, os melhores spas do mundo, discotecas gigantescas de cinco pisos onde se escutam variados estilos musicais. Para os menos abastados dos turistas, há uma grande quantidade de franquias internacionais nas quais se pode deliciar por preços insignificantes.

Pois foi justamente lá numa dessas insignificantes franquias internacionais onde o esperado aconteceu, ou seja, sobe uma *Pigua* (Bomba) e mata dois turistas. No momento da explosão, Luciana e sua mãe já se encontravam em casa devido ao calor a atingir seus 50 graus durante o dia. O pânico espalha-se pela redondeza. Toalhas sobem jogando areia para todos os lados. Escuta-se alarde vindo de vários cantos da cidade, escutam-se sirenes da polícia se misturarem com as da ambulância; mães correm para encontrar seus filhos dispersos no momento da explosão. Pessoas correm em direção contrária, uma mistura de idiomas tornando quase incompreensível a comunicação. Ao fim de três horas, tudo se acalma para a própria polícia ter uma visão geral do estrago causado e contabilizar o número de mortos e acidentados. À noite, o telejornal atinge a sua maior audiência mostrando detalhes do atentado e responsabilizando, de imediato, o grupo palestino *Hamas* sem provas concretas. Antes de voltar a Tel-Aviv, preferi ver mais de perto o estrago causado pela bomba, bem como os comentários de sobreviventes e de pessoas especializadas no assunto. Segundo eles, a bomba era de baixa potência devido ao estrago feito no restaurante, vindo apenas uma parte do teto a cair com o impacto da mesa na qual estavam sentados os dois rapazes, além disso, algumas cadeiras voaram. A morte dos dois turistas se deu devido à proximidade do local onde a bomba foi posta.

Devido ao estado de saúde da Luciana, resolvemos voltar à capital. Nessa mesma noite, encontro-me na orla com o Beto, o qual me convida para ir à cidade de Hebron na Palestina visitar a sua família. De acordo com os mais velhos, quando uma bomba de pequeno porte explode em uma parte do país, causando pequenos impactos, implica a ocorrência de uma série de pequenas explosões ou um de grande impacto, ou seja, aquela do Mar Vermelho foi simplesmente um aviso. Por nós confiarmos nos mais velhos e termos sempre em mente as normas de segurança, permaneci na capital e planejei a minha próxima viagem à cidade das 12 Colinas, para os judeus, a porta de entrada para o Céu: Jerusalém.

É em Jerusalém onde se guarda a semente do Cristianismo, pois foi do pó dessa cidade da qual Adão foi criado e, quando chegar o Juízo Final, será em seus limites a reunião de todas as nações. Também foi dessa mesma cidade que Maomé subiu ao céu. O profeta trouxe as palavras de Alá aos muçulmanos. Para os historiadores, Jerusalém é um mergulho na história da humanidade. Essa cidade é cercada por uma muralha construída pelo sultão Suleiman, *o magnífico*. A parte velha dessa cidade não é simplesmente uma, e sim quatro por ser dividida em quatro partes: a árabe, a cristã, a judia e a armênia, e habitada há mais de 4,5 mil anos, conforme a arqueologia. Imagine só essa cidade em uma sexta-feira, dia santo dos muçulmanos: começo do *Sabat* para os judeus e dia de peregrinação pela Via Sacra para os católicos e cristãos pelas 14 estações do martírio de Jesus até a cruz.

Essa cidade tem uma forma de comunicação entre o lado velho e novo através de suas oito portas. Jafa, nova, na realidade, é uma brecha a levar ao trecho cristão da cidade. Damasco, principal acesso ao lado muçulmano, de Herodes, dos Leões; a do Esterco, tradicionalmente, uma porta de serviço; a do Sião, e a Dourada ou da Compaixão. Sete portas são abertas e a da Compaixão permanentemente fechada. Segundo a tradição judaica, por essa porta se dará o retorno do Messias a Jerusalém. Bom, como não se tem certeza, os árabes resolveram fechá-la há séculos. Há mais de uma década, os israelitas tentaram abri-la, desencadeando uma onda de violência vista poucas vezes durante o período conflituoso Israel-Palestina.

Uma passarela sobre as muralhas permite a visão de toda a cidade, incluindo, pois, o cinturão verde e os parques arqueológicos. Entre estes, destaca-se a Tumba de David no monte Sião e o velho cemitério judeu no Monte das Oliveiras, além das centenas de sinagogas erguidas pelos mais variados grupos judaicos do Marrocos ao Afeganistão e de Varsóvia a Nova York. Para contemplar toda essa riqueza histórica, é só não se assustar com a quantidade de soldados armados com metralhadoras em punho e detectores de bombas.

Porém Jerusalém não é só isso! Há também o lado obscuro, agitado e obsceno da cidade onde Jesus andou. O Bem Yehuda, por exemplo, é um espaço no qual os jovens se reúnem para namorar, beber, apreciar a gastronomia nacional e internacional, além das discotecas a se encherem de garotas de programa vindas, muitas delas, da Rússia, Leste Europeu e Ásia para satisfazer as necessidades dos turistas e de alguns judeus mais modernos. Nesse bairro, também se pode saborear o típico sanduíche árabe-judeu: o Falafel. Este constitui um pão sírio recheado de alface, repolho, pimentão e bolinho grão de bico, feito segundo os princípios da comida *Kosher* — segundo a cultura árabe-judaica, nesse tipo de comida, não é permitido mistura de derivados de carne com leite.

A parte nova de Jerusalém mostra o quanto essa cidade é moderna e internacional. No Bar Glasnot, a título de ilustração, é comum escutar do cantor a expressão: "E aí, galera! *Shalon for all*", ou seja, uma mistura de inglês, português e hebreu, tipicamente usada como saudação por um legítimo judeu brasileiro pronto para cantar um samba por ser este um estilo musical muito apreciado pelos judeus. À noite, a cidade nova oferece muitas oportunidades de lazer para o turista e, de acordo com as programações, promete terminar tarde. Entretanto o que não se pode perder é uma visita à casa folclórica, cantar e ouvir a inevitável música Hanna Magiva.

Jerusalém, apesar de já haver sido ocupada por vários povos, entre eles babilônicos, egípcios, romanos, ingleses, árabes e turcos, é uma cidade abençoada e, certamente, bem protegida pelos olhos divinos. Claro, independentemente do nome dado a este Deus de olhar divinal.

4.3 PALESTINA: TERRA VELHA EM PAÍS INEXISTENTE

Capital: Jerusalém
Língua oficial: Árabe
Governo: Democracia Parlamentarista(?)
População: 2.700.000
Moeda: Novo Schekel

A história dos Filisteus, nome dado aos habitantes da antiga Philistia, atual Palestina, remonta ao século XII a. C. De acordo com historiadores bíblicos, o referido povo provinha da ilha de Creta e era conhecido como o povo do mar, por se estabelecer no litoral sul do Mar Mediterrâneo, área hoje conhecida como Faixa de Gaza. Palestina encontra-se atualmente dividida em três partes: a primeira integra o Estado de Israel e as outras duas, de maioria árabe, a Faixa de Gaza e a Cisjordânia. Estas últimas duas partes, de acordo com a lei internacional e determinações das Nações Unidas, deveriam integrar um Estado Palestino-Árabe, mas foram militarmente ocupadas por

Israel, em 1967, após a Guerra dos Seis Dias. Isso veio a desencadear o não surgimento do Estado Palestino e vários conflitos entre Israel-Palestina que, até hoje, não cessaram.

Essa terra, um dos grandes corredores europeus, favorecendo passagem entre África e Ásia como também espaço de glórias e derrotas de vários povos e impérios — Otomano e Bizantino, Assírios, Ingleses, Egípcios, Hebreus, Babilônicos, Gregos e Macedônios —, é sempre palco de conflitos sangrentos no século XXI. Em outras palavras, é nesta *terra velha de um país inexistente* que a vida passa como em qualquer lugar do mundo, mesmo sob outras condições de vida: o medo da morte.

No dia 11 de setembro de 2001, o céu da cidade de Hebron, Palestina, amanheceu azul e com poucas nuvens, como é costume em países do mediterrâneo nessa época do ano. Crianças brincavam nas ruas enquanto outras estavam na escola. O mercado público oferecia suas mercadorias como verduras, frutas e carne de cabra no estilo *kosher*. Os anciãos andavam a passos lentos com as suas coroas de rosas vindo das mesquitas, local de suas primeiras orações do dia. Os cafés, ambiente de reunião dos jovens apreciadores de um bom jogo-xadrez, gamão, além de tomarem chá e falarem das garotas, estavam cheios. Para Beto, era um dia como outro qualquer, até uma ligação nos pegar de surpresa. Era a sua mãe, uma senhora do Rio de Janeiro, casada com um palestino residente em Hebron já há muitos anos, pedindo para deixarmos, de imediato, o bar e irmos para casa. Pela expressão facial do Beto, tive a impressão de que alguma tragédia estaria acontecendo ou viria a acontecer. Passados poucos minutos, Beto olhou-me espantado, informando acerca do ataque aos Estados Unidos da América. Naquele momento, não sabíamos onde, o quê e qual o tamanho do estrago, nem mesmo a representação disso para os palestinos.

Antes de os aviões das forças armadas israelenses sobrevoarem o céu da Palestina e espalharem o pânico por toda a população, as televisões Al Jazeera e Al Arbiya noticiam que aviões haviam se chocado contra o símbolo do poder norte-americano: The World Trade Center. Naquele instante, como se o mundo fosse desabar, crianças e adultos corriam para lados opostos, senhoras gritavam em busca de seus filhos, mercados e cafés fechavam suas portas, a fim de que os clientes entrassem ou fossem para casa. Havia senhoras e senhores que ficaram preocupados por terem familiares residentes em Nova Iorque e não saberem o que fazer para ter notícias deles. Beto correu e falou algo, mas por conta do barulho de carros velhos e do ar cinzento, sua fala ofuscou-se e nada compreendi. Ao chegarmos em casa, toda a família já estava reunida em um cubículo de comprimento 4x4, onde havia desde água a um fogão, comida para um mês, um local tipo banheiro para fazer as necessidades fisiológicas, um candeeiro movido a gás, velas e alguns tapetes espalhados pelo chão em forma de cama. E eu ali, estarrecido, sem entender a conexão dos fatos: Estados Unidos-Israel-Palestina. Poucos minutos depois, escutamos os primeiros estrondos e disparos. Não estou seguro se eram de bombas, tiros de FAL AR-15 ou mísseis de curta distância, mas posso certificar: fazia um barulho aterrorizador. Confesso: tive medo, muito medo da morte, como os demais ali naquele quarto.

Após três dias ali, resolvi cruzar a fronteira de volta a Israel. Como forma de identificação, pensei em usar uma camisa que trazia na frente as cores da bandeira da Alemanha e atrás as do Brasil: representação dos dois países, os quais poderiam me tirar de uma provável detenção. Essa foi a maneira que encontrei para tentar sair sem ser notado. Falei para Beto, no outro dia bem cedo, sobre a tentativa de cruzar a fronteira e tomar o primeiro avião de volta à Alemanha. Ele olhou-me atônito e falou:

— Não faças isso! Já tentei hoje pela manhã e não consegui passar. O que devemos fazer é esperar a poeira baixar um pouco. Há muitos policiais nas ruas e poucos comércios estão abertos; além do mais, nestes casos, Israel fecha o aeroporto e as principais vias de acesso ao país.

Não me conformei com a resposta. Acordei cedo e segui em direção à fronteira. Chegando lá, fui surpreendido por um soldado judeu falante fluente do espanhol e do alemão, o qual me fez pensar na possibilidade de uma ajuda sua para atravessar. Para isso, precisei esperar cerca de oito horas para fazer o *Boarding Control*. Na hora da revisão, fui surpreendido com dois passaportes no bolso, fato este que, segundo as leis israelitas, não seria problema caso eu não estivesse viajando com um passaporte aos países árabes e com o outro para entrada em Israel. Segundo a Constituição de Israel e alguns países árabes, a pessoa, ao viajar, por exemplo, à Síria, não poderá entrar em Israel e vice-versa. Após um dia de interrogatório na fronteira para explicar o motivo de minha ida à Palestina, com quem havia estado e onde, fui obrigado a preencher vários formulários e a responder a várias perguntas em diversos idiomas, para eles terem a certeza de que eu estava dizendo a verdade.

Após cruzar a fronteira, voltando a Tel-Aviv, e deparar-me com as imagens mostradas pelos meios de comunicação ocidentais, tive a noção do estrago causado pelos "terroristas". Porém, como jornalista e cientista político, fiquei mais chocado com a forma de a mídia ocidental mostrar a imagem da Palestina. Cenas distorcidas: crianças e adultos se gloriando do fato acontecido, imagem de arquivos de outros países árabes acompanhada de textos produzidos por jornalistas desconhecedores do Médio Oriente, além de não falantes da língua local e, principalmente, desinformados sobre a cultura árabe. Em consequência disso, havia depoimentos mal elaborados, ou seja, a disseminação de inverdades, destoante do que se via fora das telas. A televisão americana também mostrava cenas de homens com carabinas em punhos atirando para cima em comemoração pelos Estados Unidos da América haver sido atacado. Projeções da retirada de tropas iraquianas do Kuwait, em 1991, pelas tropas americanas, as quais foram desencadeadas pela operação "Tempestade no Deserto" e, por fim, a celebração do povo kuwaitiano pela liberdade mostrada como sendo uma cena palestina. Jornais europeus publicaram fotos de 1982, quando tropas israelenses bombardearam a cidade de Damour, no Líbano.

Nada disso vi na cidade de Hebron. Ao contrário! Presenciei deveras o desespero de familiares, de vítimas cuja residência em Nova Iorque era ilegal, de pessoas sem saber a quem recorrer em busca de maiores informações e palestinos tentando conectar seus rádios e televisões em canais ocidentais, para ter o mínimo de informações possíveis ou, pelos menos, fazer uma comparação dos fatos publicados em jornais de procedência árabe. Com o passar dos dias, crescia não só o sofrimento dos americanos como também de todos os familiares de vítimas residentes naquela cidade.

Ainda vi na Palestina o sofrimento de um povo relegado à extrema miséria e à falta de informação, famílias sem saber onde ficam os Estados Unidos, pessoas confundindo Europa com América do Norte, ou ainda Inglaterra com os Estados Unidos da América. Outras tentando entrar em Israel por motivo de saúde e sendo barradas no *Boarding Control* por serem árabes, não queridas pelo povo judeu. Jornalistas mal-informados e, por força da velocidade da notícia e da pura incompetência, tentando burlar a informação ao publicar qualquer coisa, causando confusão na cabeça do público, principalmente, ao mostrar a Palestina como um aglomerado de bárbaros e potenciais homens-bomba. Isso sim foi o que eu realmente vi!

4.4 LÍBANO: PARIS DO ORIENTE

Capital: Beirute
Língua oficial: Árabe
Governo: República Parlamentar
População: 4.196.453
Moeda: LibraLibanesa

"O Líbano é mais que um país, é uma mensagem"
(Papa João Paulo II. 1997)

Essa frase proferida pelo Papa em sua visita a esse país mostra o fascínio dessa nação e o orgulho do povo libanês. O Líbano é aquele país de várias facetas, dependente sempre como as veem e de que forma se manifestam. É dividido por milícias e marcado pela espionagem internacional permeada por conflitos políticos e religiosos conviventes com os assassinatos causados por explosões de carros-bomba, mas guarda em seu passado um curriculum de glória. Em novembro de 1943, o Líbano conquista a sua independência da França, sendo considerado, sob o ponto de vista financeiro, como a Suíça do oriente e sob a ótica do turístico, como Mônaco, isso devido aos seus cassinos e hotéis de luxo.

Beirute. Quinta-feira. 18h. O movimento de carros e motocicletas nas grandes ruas e avenidas mostra o caos de uma cidade grande. Cafés, bares e restaurantes ainda cheios, mostram o início de um final de semana, o qual pretende ser longo e movimentar uma grande massa de jovens. Moças sem o *nigab*, espécie de véu para cobrir o rosto, bem pintadas e siliconadas, contornam os lábios e andam de braços dados com os namorados. Indivíduos do sexo masculino, abraçados, trocam em público carícias. Cenas frequentes e comuns nas ruas, isto tanto de Beirute quanto em vários países árabes, se não fossem aqui e acolá uns selinhos dados entre eles, mostram que a homossexualidade entre os jovens de Beirute faz parte da cultura, além de deixar claro o quanto a Paris do oriente é ocidentalizada.

Ao sair das grandes avenidas e entrar em vielas as quais dão acesso aos mercados públicos, considerados pontos obscuros a partir das 22h, nota-se, de imediato, uma grande rede de prostituição, um comércio e um consumo próspero de haxixe: droga consumida praticamente em todo o Médio Oriente. Estatística não existe, porém encontra-se haxixe desde o

Egito até a Arábia Saudita. De acordo com Reymond, um amigo libanês maronita, no período da guerra civil libanesa, o haxixe chegou a virar moeda nacional na compra de armas para os soldados israelenses em ocupação em certas áreas do país.

O historiador e escritor de *O Oriente Médio*, Bernard Lewis, faz uma metáfora entre o jogo de xadrez no Ocidente e o gamão no Oriente. "O ocidente pessoas que controlam as próprias atitudes, ou seja, suas próprias peças, enquanto no Oriente o jogador está relegado não só à razão, mas também à sorte e à fatalidade" (LEWIS, 1996, p. 34). Vendo a história do Líbano por uma ótica oriental, estaria já pré-escrito que esse país deveria passar por um período de 15 anos de guerra civil? E os 22 anos de ocupação israelita no sul do país (área xiita), 29 anos de ocupação Síria e vários atentados a carros-bomba pontilhando o país matando centenas de pessoas? Se for assim, também posso afirmar o quanto a razão libanesa ainda se sobrepõe à liberdade e à força de vontade de um povo que tenta se reerguer de várias fatalidades.

Às 16h da sexta-feira, começam as chamadas "*Connection*", ou seja, são ligações, e-mails e mensagens de textos enviadas entre amigos e conhecidos para informar lugares e horários seguros. Esses lugares mostram onde deveriam se encontrar para curtir uma boa noite sem serem perturbados por bombas, controle do Estado ou olhares de repúdio. Às 18h, bipa o meu telefone. Era o Reymond tentando me explicar como chegar a um determinado local para encontrá-lo. Tempo perdido! Havia muitas ruas de nomes árabes das quais me lembrava, muitas vezes, ou o início ou o final da palavra. Por conta disso, acabou ele me pedindo para ir até a esquina e esperar por um Chevrolet preto, cuja identificação seria uma tarja amarela no teto que chegaria em meia hora. Missão cumprida! Chegou uma garota de nome Yasmim falando bem o inglês. A sua primeira pergunta foi:

— Você conhece o Reymond?

Respondi-lhe: "sim!". Ela diz que deveria me levar a alguns escombros de um prédio desativado já há muitos anos, pois no subsolo deste estaria havendo uma festa, mas que eu não me assustasse devido ao local ser feio, pois era seguro. Tudo isso acontece quase como uma operação policial. Antes de chegar ao local, Yasmim dá mais ou menos três ou quatro voltas de carro ao redor do quarteirão do prédio onde deveríamos ficar fazendo o reconhecimento da área, para ter certeza de que o terreno não está minado. Após a quarta volta de carro, eis que surge um garoto magro e alto, aparentando seus 30 anos, mostrando para ela que o caminho está livre. A garota olha-me com um ar de tranquilidade e diz:

— Welcomen to Gemaize area!

Uma Zona no centro de Beirute sempre atingida quando há qualquer bombardeio. Após entrar no subsolo de um prédio bombardeado, tanto no período da guerra civil quanto no período da ocupação síria, percebe-se a liberdade tão almejada e pregada no Líbano. Garotas sem o *nigab*, homens de peitos desnudos, músicas de ritmos ocidentais, muitas bebidas alcoólicas, cigarros e tipos variados de drogas. A minha presença nesse local inibiu alguns participantes. Eles perguntavam para o Reymond de onde eu vinha e o que fazia ali naquele recinto. Essa tensão poderia ter escalado muito mais quando um casal homossexual me perguntou qual a minha profissão. Por falta de experiência, respondi-lhe ser jornalista e cientista político e ainda morar na Alemanha. Após esse curto cumprimento, percebi certo isolamento por parte dos integrantes da festa. Perguntei depois para o Reymond o erro em minha fala, o qual me questionou se eu havia entendido o porquê do excesso de segurança para se chegar àquele local. Respondi-lhe que não.

— Pois fique atento, Cláudio! Segurança neste país não é à toa, principalmente quando se trata de jornalistas ou fotógrafos, duas profissões muito usadas pelos espiões e agentes de serviço de inteligência internacional.

Vi naquele subsolo uma pequena parcela de libaneses que representa a maioria da população jovem do país. Moços sem saber como lidar com a situação de se sentir preso em sua própria nação e ainda sucumbir seus desejos carnais. Naquele momento, não havia divisão religiosa nem política, porque o objetivo ali era comum entre eles: a liberdade. Em um rápido bate-papo com Hanan, uma francesa bem maquiada e de origem libanesa, entendia a multiculturalidade da mesa a qual estava sentado. Havia desde católico maronita, mulçumano xiita e sunita, judeus a católicos ortodoxos. Eu perguntei se ela se sentia incomodada por estar em uma mesa rodeada de homens. Ela olhou-me e disse:

— Bem-vindas sejam as mulheres entre os homens! Assim se diz na França.

Além de toda essa multiculturalidade religiosa e essa sede pela liberdade, o que me chamou também muita atenção enquanto cientista político foi a política libanesa, denominada *Consocionalismo*, quase único no mundo. Principalmente para nós, ocidentais, já acostumados a um sistema democrático sólido. No Líbano, o poder do governo é dividido entre as religiões, representadas no parlamento por cristãos (greco-ortodoxos, romanos e arménios) e muçulmanos (xiitas, sunitas e drusos), conforme o número de cada grupo religioso. Isso ocasiona a não naturalização dos mais de 400 mil palestinos atualmente residentes no país há mais de dez anos. Caso houvesse a naturalização dos palestinos, aumentariam, automaticamente, o número e o poder político dos sunitas, maioria refugiada hoje no Líbano. Já a presidência desse governo é geralmente representada por um cristão maronita (igreja de liturgia própria, mas sob a autoridade do Papa), o primeiro-ministro é muçulmano sunita, e o líder do parlamento é muçulmano xiita. Formando, assim, na cabeça de um brasileiro, um verdadeiro Maracatu de Olinda.

4.5 SÍRIA: O ENCLAVE DO OCIDENTE

Capital: Damasco
Língua oficial: Árabe
Governo: República Parlamentar
População: 17.585.540
Moeda: Libra Síria

Estudar ou escrever algo sobre a atual Síria é ter o mínimo de conhecimento sobre outros povos e reinados aos quais a Síria pertenceu até se chegar aos arameus e assírios, passando pela Mesopotâmia e Egito. O território sírio tanto já foi ocupado pelos persas quanto se tornou província romana no século I a. C. Ao aderir ao Islamismo, chegando a atingir o auge no número de adeptos dessa religião, o país passou a ser o foco mais importante da região. Isso de tal forma que, no século XVI, tornou-se parte do Império Otomano. Lembrando que foi considerado turco até o início da 1ª Guerra Mundial. Com a queda do Império Otomano, é dividido em duas partes. A primeira parte, francesa, corresponde atualmente à Síria e ao Líbano, enquanto a segunda parte, inglesa, é composta por Palestina, Transjordânia (atual Israel e Jordânia) e Iraque. De acordo com a história, a ambição estrangeira sempre teve os olhos voltados para essa região; a exemplo, cita-se a cobiça pelas terras califas, algo não recente. Partindo desse princípio, não é de se espantar ao se ver ou se ouvir acerca da pretensão de países ditos democráticos de invadir ou bombardear a Síria, por esta hoje fazer parte do chamado "bloco do mal".

Em 2001, época em que o poderoso chefão, George W. Bush, sobe ao poder nos Estados Unidos da América e o Ariel Scharon em Israel, não foi sentida nenhuma mudança drástica na política americana voltada para o Médio Oriente. Contudo houve apenas uma relação temática daquela região à parte da agenda política de ambos: o desarmamento do Hesbollah, o ensinamento e treinamento nos campos de refugiados na Síria, o final da presença militar no Líbano e a posição da Síria em relação aos grupos radicais palestinos. Essas mesmas exigências foram levadas ao público pelo ex-ministro do exterior americano, Colin Powell, em maio de 2003, em Damasco, capital da Síria. Na realidade, a Síria nunca foi um sociopolítico desejado pelos americanos desde o novo planejamento da conjuntura política americana para o Médio Oriente. Entre esses dois países sempre houve uma longa fase crítica, mesmo a Síria tendo uma relação de cooperativismo com os USA, iniciada na década de 90 do século XX, sob a administração do presidente Bill Clinton.

Apesar de tudo, deve-se ter em mente que o atentado de 11 de setembro de 2001 trouxe consequências e mudanças na política americana para o Médio Oriente, principalmente em relação à Síria. Por quê? A Síria, aproveitando a oportunidade de conhecer de perto uma rede de extremistas islâmicos, coopera com documentos para o serviço de agentes secretos americanos. Com isso, ela esperava uma reciprocidade americana baseada em um honorar, precisamente nos pontos em que a Síria tinha as suas exigências, ou seja, no Líbano. Em outras palavras, explica-se o quanto a Síria gostaria de continuar com o seu protetorado em relação ao Líbano, agora sob o olhar e a proteção americana.

A discussão sobre a adesão da Síria como um sociopolítico no âmbito da administração de Bush, leva à discordância. De acordo com Flynt Leverett, expert em política internacional voltada para o Médio Oriente e funcionário do autoescalão da administração Busch,

> Uma parte dos assessores está de acordo com os USA no tocante a ganhar a Síria como aliada, conforme feito em 1991 na Guerra do Golfo. Mas funcionários civis do Pentágono rechaçaram essa ideia, baseados em fatos segundo os quais a Síria estava sendo apoiada por grupos terroristas. (LEVERETT, 2005, p. 64).

A forma da queda do ex-ditador Saddam Hussein e a construção democrática do Iraque-Modelo Iraquiano devem ser o novo modelo planejado para toda aquela região do Médio Oriente, principalmente para regimes como o da Síria, porque, devido à visão americana, o país em questão representa uma desestabilidade à região. Entretanto parece ter chegado ao fim a paciência dos Estados Unidos da América para com a Síria. Os americanos falam hoje em uma estratégia de *step by step*. Isso foi notado no tom da ministra do exterior americana ao fazer referência, em 2006, ao interesse americano na região da Síria: "O governo sírio deve mudar o seu comportamento, pois o seu regime é uma força negativa na região do Médio Oriente. Esta força deve se transformar em uma força positiva." (RICE, 2006, s/p).

A mensagem apresentada não deveria ser só tomada à risca pela Síria, mas também pelo Irã. Esses países devem realmente temer os americanos pelo fato de o próximo objetivo destes ser poder atingir, pelas mudanças estratégicas na região do Médio Oriente, o sistema sírio; ou seja, para os americanos, uma mudança de regime na Síria depende do sucesso ou insucesso do modelo iraquiano. Nota-se, pois, o conflito tanto no Iraque como no Líbano vir apenas a diminuir o tempo de calma dos americanos em relação à Síria e ao Irã.

Há, portanto, outros problemas secundários, os quais permeiam diretamente a relação USA-Síria, como a questão da fronteira com o Iraque e a formação de instituições democráticas nesse país, a serem apoiadas pela Síria. Em relação às instituições democráticas, os americanos afirmam estarem rechaçadas todas as tentativas de implantação dessas instituições no Iraque pela Síria. Realmente, se observarmos essa relação Síria-Iraque, cronologicamente, é possível se perceber uma ruptura política no diálogo entre esses dois países, vindo reestabelecer-se somente em fevereiro de 2006. Os americanos também culpam a Síria pelo aumento de atentados terroristas em solo iraquiano quando afirmam não ter a Síria um regime de fronteiras efetivas para com o Iraque. Por outro lado, a Síria não se abala com essas alfinetadas americanas, vindo, dessa forma, a acusar essa potência da América do Norte de não haver enviado aparelhos técnicos efetivos objetivados a fazer o controle responsável na fronteira iraquiana. E ainda pelo alto índice de morte entre as fronteiras americana e mexicana, ao declarar não terem controle sobre a migração ilegal em seu próprio país.

Contudo o problema de fronteira, nessa região do Médio Oriente, não é só privilégio da Síria ou do Líbano. Com a invasão do Iraque, países como Jordânia, Kuweit e Arábia-Saudita foram obrigados a abrir e fechar suas fronteiras de acordo com as suas necessidades internas e diminuir a pressão internacional de organizações como a ONU, porque o êxodo nessa região do globo não é nada recente. Destaca-se também que esses países estão buscando formas mais eficazes de controle em suas fronteiras, dificultando, assim, o acesso de refugiados em seus territórios. A exemplo da Síria, onde os iraquianos tinham livre acesso e, por dia, entravam mais de mil pessoas, hoje o visto é exigido e a permanência nesse território é de, no máximo, três meses.

Devido a essa nova política de fronteiras desencadeada pela Síria e países vizinhos, organizações como a Alto Comissariado das Nações Unidas para os Refugiados (Acnur) pedem a esses países a solidariedade para com a situação dos refugiados, a fim de que estes possam construir barracas em seus territórios. Pedido este negado por todos os países envolvidos na situação. A Síria afirma que a única forma de ajuda disponível é a construção de zonas de segurança em território iraquiano. De acordo com a Acnur, não há nenhum lugar seguro em solo iraquiano onde possam ser erguidas barracas para não assegurados. Pelo que se vê, está difícil haver um consenso entre o Ocidente e o Médio Oriente. Espero deixar claro que tanto a Síria quanto toda aquela região são um enclave para o Ocidente.

4.6 JORDÂNIA: A CIDADE DE PEDRA NA PEDRA

Capital: Amã
Língua oficial: Árabe
Governo: Monarquia Constitucional
População: 5.924.000
Moeda: Dinar Jordaniano

— Asseguro ao senhor que já ouviu algo sobre a Jordânia! E da Cisjordânia, o senhor já ouviu falar? Creio que sim. E da Transjordânia? Bom, aí já complicou um pouco, não é? Será tudo isso um mesmo país? Jamais entendia quando o repórter falava esses nomes. Sei que fica tudo lá para o lado de Israel, não é verdade? E as mulheres andam todas tapadas assim como no Iraque, certo? Por que o senhor está rindo? Só pode ser da minha ignorância, não é?

O meu riso era por dois motivos! Primeiro, pela expressão idiomática: "não é verdade?", repetida várias vezes, e segundo, porque essas mesmas perguntas eram feitas sempre quando eu escutava falar da Jordânia. Antes de iniciar o texto, é preferível esclarecer algumas dúvidas em relação aos nomes Jordânia, Cisjordânia e Transjordânia. E o melhor mesmo é tentar situar o leitor geograficamente e historicamente.

A Cisjordânia, também chamada Margem Ocidental, constitui um território reclamado por Palestina e Jordânia sob ocupação de Israel, a qual, situada na margem ocidental do rio Jordão, faz limite a leste pela Jordânia e a norte, sul e oeste por Israel. Essa região é um ponto de convergência das três grandes religiões da atualidade — Cristianismo, Judaísmo e o Islamismo — e também marcada por conflitos políticos e religiosos, os quais só podem ser compreendidos à luz da realidade histórica e geográfica. À margem ocidental do rio Jordão, encontram-se três grandes cidades, ei-las: Hebron, uma das quatro cidades sagradas para os judeus, por nela se encontrar a Gruta de Macpela, onde, segundo historiadores (SKA, 2001; LICHT, 1992), estariam sepultados os três patriarcas — Abraão, Isaque e Jacó — e as respectivas esposas destes — Sara, Rebeca e Lia. Belém, local da Igreja da Natividade, onde nascera Jesus Cristo e Jericó, lugar do Monte da Tentação de Jesus pelo Diabo, o qual lhe ofereceu todo o reinado do mundo.

A Transjordânia, atual Jordânia e Síria, geograficamente falando, formavam uma unidade política territorial até a França reclamar seus direitos sobre a Síria, em 1921. O Reino Unido reivindicou os seus direitos sobre a Transjordânia — única via de acesso para o Mediterrâneo — no tocante ao petróleo a ser explorado do Iraque, além de conservar ininterrupta a rota terrestre para a Índia. Em 1946, a Inglaterra reconheceu a independência da Transjordânia, porém, mantém-se como protetora.

A Jordânia é um país do Médio Oriente limitado a norte pela Síria, a leste pelo Iraque, a leste e sul pela Arábia-Saudita e a oeste pelo Golfo de Aqaba (através do qual faz fronteira marítima com o Egito), por Israel e pelo território palestino da Cisjordânia. A Jordânia, como todos os países pertencentes ao Médio Oriente, tem seus altos e baixos, seja na política, seja na economia ou turismo. Em 2004, a Jordânia era considerada o amigo pobre no turismo do Médio Oriente, isso devido ao número cada vez crescente de atentados terroristas em localidades como a península do Sinai, o Egito, país com o qual a Jordânia faz fronteira. Em julho desse mesmo ano, a Jordânia esperava um aumento de um bilhão de dólares na indústria do turismo e uma estimativa de mais de 12 milhões de turistas, os quais deveriam passar por lá até o fim de 2010.

Ao que me parece, a estratégia de propaganda de exibir a Jordânia como um destino seguro e aplicado em recursos humanos tem dado bons resultados. Uma das cidades mais visitadas do Médio Oriente é "Nabatea de Petra", na Jordânia, situada a 262 quilômetros ao sul de Amã. Essa cidade foi criada a partir de poucas covas e rochas, vindo a servir de refúgio para os beduínos procedentes do norte da Arábia. Porém, para quem pensava ser beduína acabou se enganando. Os beduínos estão ali prontinhos para lhe guiar pelas vielas da cidade rosada com seus camelos e cavalos.

Jordânia é tida como um oásis de estabilidade no meio do Médio Oriente. Esse país sempre foi, em meio aos demais de língua árabe, o mais ocidentalizado. Embora Petra seja uma inegável atração turística da Jordânia, esse pequeno território tem o poder de encantar qualquer viajante, independentemente das exigências feitas pelos turistas. Como em todos os países do Médio Oriente, ela também guarda os seus lugares sagrados, sendo um deles o Monte Nebo, onde, provavelmente, Moisés teria visto a terra prometida antes de sua morte. Outro é o local do batismo de Jesus Cristo, no qual descobertas arqueológicas mostram que há um lugar à margem jordaniana do Rio Jordão. Petra é uma cidade mística a permanecer perdida por mais de mil anos, vindo a ser novamente descoberta no início do século XX.

Em uma loja de ouro nos labirintos da cidade de Petra, conheci uma brasileira carioca chamada Lais N. S., residente na Jordânia há mais de 20 anos. Ela era a quarta e a última mulher do empresário jordaniano Ahmad Ibrahim N. S. Segundo ela, a Jordânia já passou por vários altos e baixos, porém ainda continua sendo um celeiro de descanso dentro do Médio Oriente, mesmo quando se fala de terrorismo, pobreza e desemprego.

— Eu me lembro de quando saí do Brasil para morar na Jordânia: a maior preocupação de minha família era sobre as condições de se conviver com um homem que já possuía três mulheres. A outra questão era como eu iria me acostumar a viver toda coberta de preto. Chegando aqui, comecei me envolvendo com os problemas internos do país, até mesmo para me sentir integrada. A primeira questão que me levantaram foi se eu já havia lido algo sobre a "Guerra dos Seis Dias". Guerra essa através da qual o exército israelense conquistou a Cisjordânia da Jordânia e a Faixa de Gaza do Egito. Este tema foi posto na "agenda do dia". Quando eu perguntei ao meu marido qual o motivo de os palestinos não serem um povo querido da população jordaniana, respondeu-me que, desde 1967, milhares de palestinos tiveram de abandonar suas casas nestas regiões. Muitos fugiram para a Jordânia, país que abriga o maior número de refugiados palestinos no mundo.

Quanto maior for o número de guerras nas redondezas, mais intenso será o número de refugiados na Jordânia e, consequentemente, de pobres e desempregados. Quando perguntei a Lais sobre a forma de casamento entre um homem com mais de uma mulher a senti bastante taxativa:

— Cláudio, se você observar, no Brasil, nós temos o mesmo sistema. Em países do sul europeu, também, a diferença é que aqui é legalizado. No Brasil, o homem também possui mais de uma mulher, mesmo sem condições de manter uma. Já aqui é diferente: para um homem possuir mais de uma mulher é preciso comprovar renda e bens e, além disso, poder mantê-las no padrão. Por exemplo, ao casar-me com Ahmad, o qual já possuía três esposas, sou tida como a quarta. Outra coisa a não esquecer é que mesmo sendo cidadã jordaniana, também sou brasileira. Isto implica que, vez por outra, também vou ao Rio, pois fica ao meu critério ir ao Brasil ou tirar férias com o meu esposo e suas respectivas esposas. Em relação aos países do sul da Europa, estes usam o mesmo sistema dos países árabes. Se observares, no sul da Itália, ainda é muito comum o casamento entre parentes ou famílias conhecidas. Na região de Andaluzia, na Espanha, caso uma garota tivesse tido sexo fora do casamento, era motivo de morte.

Durante o bate-papo, o Ahmad observava-nos surpreso com as declarações da esposa e, com ar de felicidade, repete sempre a mesma expressão: "sim, é verdade!".

Outro depoimento a respeito do Oásis-Jordânia é o de Eduardo G., observador da *Ultramaratona Desert Cup*, filho de brasileira com palestino e nascido em Beersheba, deserto de Negav, território conquistado por Israel em 1948.

— Cláudio, muita gente confunde Jordânia com Cisjordânia. A Jordânia é um país pacífico e um dos mais seguros do Médio Oriente: nada de roubos, pedintes ou anárquicos, ou seja, sem nenhuma violência. Por toda a parte, a confiança é total. Aqui não existe essa de metralhadora, tanques de guerra ou soldados armados. Os jordanianos são calorosos e engraçados. Eu só espero que, um dia, o Brasil possa chegar ao nível da Jordânia!

É! Para quem não sabe, 6 de dezembro de 1985 foi o dia do reconhecimento de Petra como patrimônio da humanidade pela Unesco e, em 7 de julho de 2007, considerada em Lisboa uma das Sete Maravilhas do Mundo.

4.7 IRÃ: O POVO PEDE LIBERDADE

Capital: Teerã
Língua oficial: Persa
Governo: República Islâmica
População: 68.467.413
Moeda: Rial Iraniano

Sejam bem-vindos à Teerã. Essa frase me quebrou o gelo de cinco horas de voo entre Hamburg, norte da Alemanha, e a capital do Irã. O desembarque no Aeroporto Internacional de Teerã é algo que jamais esquecerei. Moças lindas e educadas trajando a sua típica roupa árabe, o Chador, desejam boas-vindas a todos os estrangeiros em solo teeranês. Para mim e mais três amigos de trabalho, o bem-vindo a Teerã foi melhor. Nós fomos saudados em persa, alemão e inglês. O fato era: estávamos à disposição de um cidadão persa, ou seja, ariano. Segundo a cultura persa, quando um estrangeiro se dispõe a trabalhar em uma área na qual o próprio persa não pode, esse forasteiro deve ser tratado como um rei. Tudo isso por estar contribuindo com o bem-estar de um persa. Toda gentileza e amabilidade do povo iraniano já me haviam feito esquecer toda a atrocidade e mentiras contadas sobre esse povo no ocidente.

Ao tomar um carro a conduzir-me para casa, logo fiquei surpreso ao virar a primeira esquina e me deparar com uma perna pendurada no poste de energia. Isso, na verdade, era para mostrar o quanto aquela amputação, baseada na lei islâmica, significava caso de roubo, consumo de bebidas alcoólicas ou adultério. Fato este, para os americanos e europeus, bastante significativo equivalendo, pois, a uma falta de Direitos Humanos. Ou seja, mais um ponto para o Ocidente criticar o sistema iraniano. Cinco quadras dali, mais uma perna, quatro quadras e já se via um braço, porém, nesse emaranhado de partes do corpo humano, só me vinha uma pergunta: onde está a cabeça para identificarmos se se trata de um homem ou uma mulher? A resposta é: a poucas quadras da casa onde deveríamos passar a noite. E era mesmo de uma mulher. Ao chegarmos em casa, comecei a perceber em que país estávamos pisando como também estava cônscio que ali era um local cuja lei era levada a sério. O trabalho a ser desempenhado por nós no Irã não era nada desconhecido, porém havia algumas regras as quais teríamos de nos submeter: não sair à rua com camisa de mangas curtas e bermuda, amarrar o cabelo e, se possível, colocá-los por dentro da camisa; não sair só, mas sempre em dupla; não olhar fixamente para as mulheres na rua; não parar para desconhecidos nem receber objetos de pessoas estranhas. Enfim, como se diz no Brasil: de casa para o trabalho, do trabalho para casa.

A tabela de horário era sempre 12x24, ou seja, trabalhava-se 12 horas e folgava 24. Dependendo da escala, eu poderia trabalhar com o James, um etíope, adotado por uma família alemã e crescido no sul da Alemanha. No Irã, era tido como uma pessoa rara, um negro de cabelo *black power* e de sotaque bávaro. O outro era o John, um dinamarquês cujo cabelo era muito longo, loiro e fino, típico escandinavo: o senhor Pertersen, como era chamado na Alemanha. Este, estando de costas e de cabelo solto, dava a impressão de ser uma mulher. O que chamava a atenção para os iranianos era o tamanho de sua tatuagem nas costas e um piercing de metal na sobrancelha. O último era o Peter von B., um holandês de estatura mediana, contudo cheio de piercings, brincos e alargadores na orelha e no nariz. Ah! Já ia esquecendo! Eu, mestiço, estatura mediana, olhos claros e cabelos *dreadlocks*, entretanto, muito longo. Alguns me perguntavam se eu era filho de árabe ou norte-africano.

Um dia fui delegado pelo Vahid A., meu chefe iraniano, a ir ao Bazar para fazer compras de verduras. Conforme a regra, precisei ir com um dos amigos disponíveis no momento e um motorista iraniano não falante de outro idioma a não ser o persa. Resolvi sair com o James, pois estávamos livres. Saímos por ali comentando fatos ocorridos desde o Aeroporto de Hamburgo e, lógico, o tema principal ainda era o esquartejamento da garota. Queríamos saber o motivo do crime. O James perguntou-me se eu havia visto a mudança radical das garotas persas antes de entrar no avião. As belas iranianas com seus olhos claros e cabelos cor de mechas aloiradas, sua maquiagem e roupas estilo italiano, vistas no saguão do aeroporto, desapareceram com o vai e vem dos passageiros e o sobe e desce das aeronaves. O que se via dentro do voo eram mulheres todas cobertas de preto e um ar de seriedade. Para comentar sobre o crime, primeiro esperamos descer do carro, já que a palavra "crime" poderia ter alguma semelhança na língua persa. Ao descermos do carro, a pergunta do James foi seca e direta:

— E então, viu, Cláudio, este crime bárbaro? Esse povo parece viver ainda na idade da pedra. Creio ter sido adultério.

Nesse intervalo de tempo, saímos andando pelo Bazar vendo verdadeiras obras de arte, como os tapetes persas, tecidos de forma artesanal, bandejas de chás em prata decoradas e vários artesãos trabalhando ali mesmo, mostrando, dessa forma, suas artes aos poucos turistas aventurados no calor de 42 graus de Teerão. Enfim, chegamos à parte de verdura, a qual era a mesma de carnes e pescados, quando uma garota entra gritando alto apontando para a parte de carne e, ao mesmo tempo, colocando um pedaço de papel em minha mão e depois saiu sem olhar para trás da mesma forma como entrou. Após comprarmos as verduras e mais alguma coisa delegada pelo Vahid, mostrei o papel para o James. Eis o que havia escrito:

— Eh, já começou bem! Conquistando corações persas! Eu só quero saber como você lerá isso aí.

É! Eu não tinha percebido o bilhete escrito em persa. Não nos sobrava outra opção a não ser mostrar para o Vahid e pedir-lhe uma tradução. Voltando para casa e mostrando-o para o Vahid, tivemos como explicação estarmos sendo convidados para uma festa no final de semana e que ali estava o endereço. Segundo Vahid, aquele endereço era um pouco fora de Teerã. Procuramos logo saber se podíamos ir, visto que aquela era a única oportunidade para termos um contato mais íntimo com a juventude persa. Vahid entendeu e falou que não havia problema, posto que, na ocasião de estarmos fora, ele poderia ir à casa de uma tia nas adjacências. Porém, precisaríamos ter cuidado e, na volta para casa, chamarmos o mesmo táxi que nos levou ao local da festa. A discussão agora era saber quem gostaria de ir. Os três acharam estranha a forma do convite, entretanto eu, por já estar acostumado à cultura árabe, achei normal. Chamei o James e ele concordou em ir. Na hora da saída, o Peter também resolveu ir conosco enquanto o John preferiu ficar em casa e esperar a notícia. Após uma hora e meia de viagem, chegamos, finalmente, ao local da festa. Era mesmo afastado do centro, segundo nos havia dito o Vahid. O local era uma chácara. De fora, não se ouvia absolutamente nada e, portanto, não indicava que havia ali uma festa. Tudo era muito escondido. Na entrada, fomos cumprimentados por um garoto de nome Dários, falante fluente do inglês.

Este foi logo perguntando de onde éramos e qual o motivo de nossa estadia em Teerã. Ao chegarmos ao local, tive a impressão de estarmos em uma festa *Heavy* estilo londrino. Grande parte da juventude estava em estilo europeu: vestindo calças e camisetas pretas de marca e cintos prateados com correntes penduradas na cintura. Os cabelos grandes se misturavam à grande quantidade de bebidas alcoólicas e drogas, as quais variavam desde um simples *Join de haxixi* passando por cocaína e chegando ao ópio (droga muito usada na região). As moças usavam roupas ocidentais: calças jeans bem apertadas, grandes brincos nas orelhas, saltos altos, cabelos pintados de loiro, maquiagem carregada e, ainda, fumavam cigarros de marca americana. A música era pesada e o estilo variava desde o *Punck* ao *Heavy Metal*, ou seja, completamente ocidental. Procuramos, de imediato, entrosar-nos aos diversos grupos. A maioria das pessoas da festa já havia morado ou passado uma longa temporada no Ocidente, precisamente na Europa e América. A língua oficial, além do persa, era o inglês. Nessa festa, conheci uma garota por nome Leila, filha de pai iraniano e mãe búlgara, a qual já havia estudado engenharia espacial na Alemanha. Começamos falando sobre a dificuldade da vida dos jovens em um país fechado como o Irã.

— Não vou mentir! Aqui não é as mil maravilhas. Antes gostaria mesmo de ter ficado na Europa, porém a família ainda é algo muito importante na vida de um persa, além do mais, sou filha única. O problema maior aqui no Irã é ter que andar de acordo com as leis do Al Corão; caso contrário, é estigmatizado pela sociedade e, consequentemente, perseguido, sendo dada apenas duas oportunidades: morte ou prisão. Porém, tudo o que se faz em um país como Alemanha também é possível fazer aqui, só que em grupos bem reduzidos e em locais bem reservados. De qualquer forma, eu não penso em criar filhos neste país, para melhor dizer, nem de parir.

Dário, o garoto que nos recebeu na entrada, observando o tom de nossa conversa, aproxima-se e pergunta-me se já ouvi algo sobre a Revolução de 1979. Respondi que sim, mas que gostaria de ouvir a sua versão:

— Bem, essa revolução islâmica foi promovida com a volta do Aiatolá Ruhollah Khomeini, após 14 anos de exílio. Na fase inicial, tal movimento foi apoiado pela maioria da população e por diferentes facções e ideologias, vindo a provocar a fuga do Xá para o estrangeiro e a instalação do Aiatolá Khomeini como chefe máximo do país. Desta forma, estabeleceu-se uma República Islâmica, com leis conservadoras inspiradas no islamismo e controle político nas mãos do clero. Isto implica dizer que o atual sistema político iraniano é baseado na Constituição de 1979 e, na certa, as relações políticas, econômicas, sociais e culturais vigentes no país, devam estar de acordo com o Islã.

Isso dá margem para se comentar o assassinato da garota vista por nós ao chegarmos ao país e, ainda, de se compreender o funcionamento do sistema da Lei de Charia. Segundo Dário, o sistema legal iraniano também é embasado na lei islâmica ou de Charia, ou seja, caso uma pessoa cometa um crime, um integrante da família deve executar a sentença prevista em lei. Os castigos corporais ou amputação de membros estão previstos para caso de roubos, consumo de bebidas alcoólicas ou adultério. Nessa festa, também foi discutido o ódio do governo iraniano em relação aos americanos. De acordo com Dários, essa áspera relação Estados Unidos da América-Irã foi resultado da Revolução de 1979. Quando o Aiatolá Ruhollah Khomeini afirmou que os americanos e o Ocidente estavam apoiando o Xá.

Bom, já era manhã e a festa ainda iria continuar até mais tarde. Como Peter precisaria trabalhar à noite daquele mesmo dia, resolvemos voltar para Teerã, pois também já tínhamos marcado viagem com o Vahid para o Mar Cáspio. Ao chegar em casa, fomos surpreendidos por vários primos do Vahid que buscavam informações sobre a festa e também saber se nós tínhamos encontrado muita gente louca. Em meio a tantas perguntas, não percebi quando um dos primos do Vahid ofereceu um DVD ao James e lhe pediu para o ver só quando estivesse de volta à Alemanha. O caso foi esquecido. No outro dia, seguimos em direção ao Mar Cáspio, local próspero em salmão, tainha e esturjão; deste último, produz-se o melhor caviar do Irã, melhor dizendo, do mundo. Na praia, foi uma loucura, pois tanto a gente quanto a população iraniana, não estavam costumadas a ver tanta gente diferente: era negro de *dreadlock*, loiros de cabelos longos e tatuados, fora as argolas e piercing por todos os lados, e um negro típico africano de *black power*. As perguntas eram diretas:

— De onde são vocês? O que fazem no Irã? O seu cabelo já nasceu assim? Como você fez isso em seu cabelo? Esses desenhos no seu corpo não doem? Vocês são americanos? Como você conseguiu colocar esse brinco na língua? A sua orelha ainda voltará ao normal um dia? E o seu nariz?

Eram tantas perguntas que mal dava tempo de responder. Graças a Deus, estávamos separados das mulheres, as quais, estando ao longe, viam tudo aquilo sem poder se aproximar para fazer as suas perguntas. A nossa volta para Teerã estava marcada para o outro dia pela manhã, pois precisávamos voltar pelo fato de nos restar pouco tempo em território iraniano. Ao chegarmos a Teerã, fomos recebidos por toda a família do meu chefe: irmão, pai, primos e familiares de segundo grau. Enfim, hora de voltar à vida normal na Europa. Já próximo ao aeroporto, toca o telefone do Vahid. Era o seu primo, um garoto chamado Hamed, o mesmo garoto a dar o DVD ao James. Após Vahid falar cerca de 20 minutos ao telefone com o seu primo, olha-nos surpreso e pergunta:

— Quem está levando um DVD consigo?

Eu, por não ter recebido nada de ninguém, não me abalei com a pergunta, mas Vahid volta a fazer a mesma pergunta, só que agora num tom mais agressivo:
— Quem recebeu um DVD de meu primo, Hamed, como presente?

Eu olhei para o James e lhe fiz um sinal a fim de ele se acusar. Porém, não percebeu minha intenção. Então, fui direto ao assunto dizendo que o James havia recebido um disco de presente do Hamed quando estávamos para ir ao Mar Cáspio e que, provavelmente, ele tivesse esquecido. Nesse momento, o James concorda e devolve o DVD a Vahid. Aproveitando o momento, James questiona-lhe o motivo de tanta agressividade, pois jamais havia chegado àquele ponto com nenhum de nós. Vahid explicou que naquele DVD estavam gravadas cenas de sexo entre a garota morta e o seu ex-esposo, o qual, até o momento, era foragido da polícia. Ainda me falou dos vários DVDs já apreendidos e destruídos e, se caso alguém fosse pego com aquele DVD, de acordo com a lei da Charia, estava propagando o crime de adultério. Crime este que, segundo a lei, tem como punição a morte em praça pública ou condenação à prisão perpétua. Diante desse fato, conscientizei-me do perigo a estarmos correndo caso fôssemos pegos por um controle na fronteira. O outro fato foi a quebra de uma das regras principais passadas no primeiro dia em Teerã: "não receber nenhum objeto de pessoas estranhas".

4.8 TAILÂNDIA: UM PARAÍSO EM MEIO AO CAOS

Capital: Bangkok
Língua oficial: Tailandesa
Governo: Monarquia Constitucional
População: 62.354.402
Moeda: Bahrt

Brasil e Tailândia. O que há em comum? Há muito! Além de belas praias, a alegria do povo e o clima tropical. Como se não bastasse, até o nível da pobreza nordestina brasileira é presente no nordeste tailandês. Porém, temos muito mais. Eles têm uma vegetação caracterizada praticamente por florestas tropicais. Você sabia que a Tailândia é um dos grandes exportadores mundiais de borracha? E por quê? Porque foi daqui de terras brasileiras de onde, há mais ou menos 100 anos atrás, seringueiras foram exportadas para a Tailândia.

Viajar para esse país é praticamente conhecer grande parte do Sudeste Asiático devido à sua posição geográfica e as origens de sua arte e cultura. Nos grandes movimentos culturais, percebe-se com clareza a forte influência sofrida pela Tailândia, durante 800 anos, das culturas hindu, birmanesa, khmer e mon. Já no campo da pintura, em sua maioria de caráter religioso, a Tailândia tem suas raízes na Índia e na Sri Lanka. É estranho saber que, dentre todos os países do Sudeste Asiático, apenas a Tailândia não se rendeu à dominação colonial europeia. E, além disso, também não sofreu as violentas guerras a acompanharem e seguirem a descolonização dos países vizinhos, como Myanmar, a oeste, Laos, a leste e nordeste e Camboja, a sudeste.

Sorte nossa! Pois, só assim, podemos apreciar variados estilos de obras de arte, mesmo estas estando em museus, como a imagem de Buda em estilo *Dvaravati* no Museu Nacional de Bangkok. Outra herança estrangeira é o Teatro Tradicional à base de danças. O mais conhecido é o Khon, onde os atores utilizam máscaras. Essas obras descrevem cenas do *Ramkian* e a versão tailandesa do *Ramayana*, a qual é procedente da Índia. Já o *Nang Talung*, o teatro de sombras, tem sua origem na Malásia.

Outras obras de arte muito bem apreciadas por visitantes são os templos e os mosteiros tailandeses, os quais são conhecidos como *WAT*, contudo é importante ressaltar que na maioria dos *WATs* algumas regras são impostas aos visitantes como: entrar em locais sagrados usando tênis ou sapatos é extremamente proibido, mesmo se destes restarem apenas ruínas.

Sião, antigo nome da Tailândia, até meados de 1949, não vive só de cultura e obras de arte, mas também tem o seu lado obscuro, na política, por exemplo, como em qualquer outro país. Em 2006, a Tailândia foi envolvida por uma onda de desordem nacional, vindo a ocasionar a derrubada do primeiro-ministro Thaksin Shinawatra por meio de um golpe militar. Nesse mesmo ano, foi promulgada a mais nova constituição tailandesa. Entretanto, antes do golpe, a Tailândia era uma democracia parlamentar com uma legislatura bicameral eleita.

Apesar de todos esses altos e baixos na política tailandesa e o do forte golpe sofrido por toda a região da Ásia, em 1997, o qual atingiu os tigres asiáticos, a economia continua crescendo. A Tailândia encontra-se entre os maiores exportadores de arroz do mundo. Outro fator da economia tailandesa que continua contribuindo para o aumento do PIB anual do país é o turismo. Mesmo com o Tsunami de 2004, a quantidade de turistas nesse país é crescente. Entre os países mais representados na Tailândia, por meio de seus cidadãos, está os Estados Unidos da América, principal parceiro econômico. Em segundo, o Japão e, em terceiro, os países europeus dos quais se destacam a Alemanha, Holanda, Suíça e países escandinavos, podendo-se ainda acrescentar Israel, devido à grande quantidade de ex-soldados a encher o litoral e as pousadas de Bangkok.

O turismo na Tailândia, como em qualquer outro país do mundo, atrai não somente investidores da área da hotelaria, gastronomia e mão de obra qualificada, mas também a prostituição, pois esta é considerada normal, ou seja, entre homens e mulheres adultas, incluindo a infantil. Além de tudo, o alto consumo de drogas, o tráfico de mulheres e crianças e a migração de gente da área rural para a cidade, êxodo, ocasionando, assim, em Bangkok um caos total. Para perceber tudo isso não precisa ir muito longe, basta ser estrangeiro e andar com os olhos bem abertos para perceber as investidas de garotos de programas, prostitutas profissionais e menores abandonados exigindo um trocado para levar para casa.

Em uma de minhas conversas com um residente alemão e um holandês, perguntei o motivo de tantos europeus virem a viver na Tailândia. Eis a resposta:

— No meu caso, Cláudio, o motivo foi o clima. Sempre procurei um lugar onde pudesse passar os piores seis meses do inverno europeu. Daí fui ficando até encontrar a minha atual companheira com quem já vivo há mais de seis anos (Hans G., alemão).

— Já para mim foram mesmo as possibilidades de investimento na área do turismo. A minha esposa é tailandesa, o que facilitou o investimento e o entendimento da mentalidade oriental (Tomi H., holandês).

Ao que se vê, esses depoimentos seriam até algo normal caso não fosse a presença de dois rapazes afeminados a compor a mesa. Na realidade, a companheira a quem o alemão fez referência era um rapaz e a esposa a qual o holandês citou também. Ou seja, na Tailândia existe uma nova conjuntura feminina composta por rapazes cuja aparência lembra uma mulher. Eles são bem diferentes dos travestis brasileiros, os quais enchem as grandes avenidas brasileiras. Na Tailândia, são conhecidos como *"girl-boy"*. Eles assumem o papel feminino como se fossem verdadeiras mulheres. Devido à quantidade de *girl-boys* casados com muitos europeus, a minha curiosidade não me fez parar e, assim, continuei perguntando qual a diferença entre casar-se com um *girl-boy* ou com uma mulher:

— A diferença é ser a relação com um *girl-boy* menos complicada do que com uma mulher ou com um homossexual, seja ele ativo ou passivo. Em relação à mulher, o *girl-boy* não menstrua, não tem a paranoia de ter filhos, ou seja, economicamente, mais barato. No tocante aos homossexuais, o *girl-boy* tem consciência de sua feminilidade, não ultrapassando, desta forma, os seus desejos femininos, ou seja, serei sempre ativo (Hans G., alemão).

Já o holandês nunca escondeu seus desejos sexuais por "mulheres diferentes", conforme nos afirma:

— Bangkok para mim é um paraíso! Esse tipo de mulher sempre me fez a cabeça desde a minha primeira vinda à Tailândia. Elas são iguais a quaisquer outras, porém, com uma pequena diferença, têm um pênis em lugar de uma vagina (Tomi H., holandês).

CAPÍTULO 5

ÁFRICA

5.1 MARROCOS: A TRAVESSIA DA MORTE

Capital: Rabat
Língua oficial: Árabe
Governo: Monarquia Constitucional
População: 31.689.267
Moeda: Dirham

Fome, desespero, morte e assassinato marcam o dia a dia dos magrebes e africanos, provenientes de países do Sub-Saara que almejam alcançar o oásis financeiro: Europa. Em outubro de 2005, após anos de tentativa por parte do Marrocos, a Espanha entregou-se às exigências marroquinas de uma implantação do "Plano Marshall" para o continente africano. Dado à Alemanha após a 2ª Guerra Mundial. Esse plano prevê o desenvolvimento econômico tanto da África Negra como dos países magrebes, e o seu objetivo maior é evitar uma grande onda de refugiados dessa região na Europa, onde, segundo as discussões da União Europeia, deve ser bem maior nos próximos anos. Estando em Espanha ou território marroquino, é comum observar na mídia local informações sobre assaltos de imigrantes ilegais tentando a qualquer custo atingir a linha de fronteira espanhola em busca de uma vida melhor. Um dos pontos estratégicos dos imigrantes ilegais é a cidade de Melilla, próximo à Ceuta, o segundo enclave espanhol na África do Norte.

Diante dessa situação, a Espanha não vê alternativa a não ser repatriar os imigrantes ilegais que chegam todos os dias ao seu território. Porém, o maior problema não é só com os magrebes, e sim com os negros africanos provenientes de países como Gana, Mauritânia e Mali. A maioria deles chega sem nenhum tipo de documento com o qual possa ser identificado o país de origem, causando assim uma dificuldade para as autoridades tanto espanholas quanto marroquinas. Para os espanhóis a única possibilidade de uma repatriação legal é retomar o contrato assinado em 1992 entre ambas as partes: Marrocos e Espanha.

Em minha viagem ao Marrocos em 2005, foi fácil detectar em que condições de vida vivem os africanos que chegam à Espanha por meio de barcos. São centenas a se esconder nas matas marroquinas, vivendo em condições primitivas, a fim de lá poderem entrar em Melilla. Eles tentam ultrapassar as duas zonas fronteiriças — Espanha e Marrocos — por meio de escadas de madeira feitas por eles mesmos ou com cordas. Nessa zona, as fronteiras ainda medem três metros de altura, onde, na maioria dos pontos, já chegam a atingir seus seis metros de altitude. A agressividade, com a qual os negros africanos são, muitas vezes, tratados, tanto por parte da segurança marroquina — que tentam impedir a proximidade dos ilegais na área de fronteira —, quanto pela polícia da guarda civil espanhola a reagir muitas vezes a tiro, é algo que causa medo. Na semana em que me encontrava na região, ouvi sempre falar da "chuva negra", a qual assolou a região uma semana atrás. Eram aproximadamente 500 homens provenientes da África Negra na tentativa de entrar ilegalmente em Melilla. Após uma grande desordem, mais de 50 deles conseguiram chegar à área de segurança máxima espanhola, deixando para trás centenas de amigos levemente feridos. Os imigrantes ilegais "afortunados" que chegam em Melilla são, automaticamente, recebidos pelas autoridades competentes espanholas de onde são encaminhados a barracas de refugiados encontradas com mais de 1.500 na mesma situação. O próximo passo é receber um visto a lhes possibilitar o direito à estadia naquele local enquanto dure o processo de repatriamento.

O tema sobre a imigração ilegal africana dentro do território espanhol, já arrastado há quase duas décadas, toma ar político. Os governadores das duas cidades espanholas, Ceuta e Melilla, e as organizações de Direitos Humanos censuram o governo federal de ser incompetente em relação aos temas segurança e política de imigração. A mídia local chega a informar que os negros africanos e os magrebes são tratados com métodos de Terceiro Mundo, ou seja, as autoridades locais agem violentamente contra famintos e pobres imigrantes, chegando a causar, muitas vezes, fortes ferimentos e até mortes por estrangulamento.

Como forma de defesa a essas afrontas por parte da oposição, o governo federal defende-se afirmando ser futuramente instaurada mais uma linha de proteção.

Ammi, um marroquino que mora na fronteira me explicou que leu na mídia local que será construída mais uma barricada de concreto armado, conectada a um sensor e videocâmaras, chegando a medir três metros de altura e deverá atingir mais 10 quilômetros de fronteira ao redor das cidades Ceuta e Melilla.

Quando me refiro à agressão vivida pelos imigrantes, ele declara:

— Os soldados poderem usar as suas armas, porém acha improvável a um soldado bem treinado poder atirar contra os ilegais, os quais, em sua maioria, estão desarmados.

Porém o problema da imigração ilegal em território espanhol não diz respeito apenas à Espanha, mas a toda a Europa e, muito mais, a países como Marrocos e Argélia. Primeiro: por que toda a Europa? Porque, na realidade, a maioria dos imigrantes sem documentos que entram na Espanha não fica em território espanhol, mas por meio da abertura de fronteira entre os países da Comunidade Europeia, terminam atingindo os mais desenvolvidos como França, Alemanha e Holanda, aumentando, assim, o já crescente número de imigrantes ilegais nesses países. Em relação ao Marrocos, é difícil ostentar o título de país transitório de africanos provenientes de Estados do Sub-Saara. O país encontra-se, atualmente, em apuros devido aos assaltos praticados pelos imigrantes ilegais chegados da não controlada fronteira entre Marrocos e Argélia e às exigências da comunidade europeia. Já por parte da Argélia, o governo prefere não comentar o assunto e, simplesmente, afirmar ter todo ser humano o direito assegurado de se movimentar entre qualquer território. Como forma de amenizar a situação em uma das fronteiras mais sensíveis da Comunidade Europeia, o parlamento europeu, tendo um lugar em Straßburg, resolveu disponibilizar ao Marrocos alguns milhões de euros, dando-lhe, pois, responsabilidade de controlar suas fronteiras com a Argélia e impedir a entrada dos negros africanos em seu território.

Qual será, contudo, o pensamento dos imigrantes sobreviventes a essa aventura? Segundo Franklin B., um estudante do Camarão, residente hoje na Alemanha, e que teve uma entrada muito dura no oásis financeiro, a Europa, para chegar até Espanha, precisou sair do sul do Camarão cruzando toda a Nigéria, entrando em Níger, até chegar ao sul da Argélia, de onde partiu para Marrocos e depois à Espanha.

— O trajeto do sul da Argélia ao porto de Tanger, no Marrocos, foi feito todo a pé, pela falta de dinheiro. Porém, verdadeiramente só senti medo quando já estava dentro do barco que me levaria à Ilha de Puerto Ventura (Espanha). Ali, todo o sonho poderia ir a qualquer momento por água abaixo, não só devido à falta de segurança do barco, mas também pela alta probabilidade de ser pego pela polícia fronteiriça espanhola. Isto se chegássemos, pois boa parte de meus amigos findaram seus últimos dias como indigentes em algum cemitério espanhol. Toda essa viagem durou, para mim, dois anos de caminhada e três anos de trabalho árduo, para poder deixar o meu país sem dívidas, não comprometendo, desta forma, minha família. Este é um dos grandes problemas dos imigrantes provenientes do Sub-Saara, Cláudio. Eles fazem dívidas além das que podem pagar só para atingir o sonho de chegar até aqui. E também não pensam nos fatos iminentes no meio de toda essa caminhada. Eu tive amigos os quais morreram na travessia e, com isto, toda a família. Os emprestadores de dinheiro matam, automaticamente, toda a tua família ao saberem da não condição de pagamento da dívida.

Aquela, cuja entrada no "oásis financeiro" lhe foi possível, a Baris B., da Gambia, a qual também tentou a sua sorte pela Espanha e de barco.

— Ao chegar ao Marrocos, procurei engravidar, a fim de poder ter o direito de residência na Espanha e para o meu filho nascer em solo espanhol, pois essa era a única maneira de conseguirmos, automaticamente, a nacionalidade espanhola. Os meus contratos foram feitos da seguinte forma: primeiro procurei um africano disposto a atravessar comigo, porque, se conseguíssemos chegar ao outro lado, ele seria posto como o pai de meu filho, um cidadão espanhol, no registro do país, ganhando, imediatamente, um visto de permanência. O caso é que, mesmo eu morando aqui na Espanha há mais de dois anos, não consegui metade do dinheiro para pagar a travessia. O segundo contrato também foi feito "boca a boca". Este, com o atravessador de uma máfia argelina, consistia no seguinte: chegando ao território espanhol, eu teria um prazo de seis meses para enviar-lhe a primeira remessa do dinheiro, equivalente a 2 mil euros, sendo os outros 4 mil euros pagos nos próximos 12 meses, ou seja, contraí uma dívida de 6 mil euros para pagar em 18 meses, prazo este não cumprido e, devido à ruptura do primeiro prazo, mataram meu irmão. Sorte a minha que, por ser mãe de um cidadão espanhol, vivo sob proteção policial.

5.2 TUNÍSIA: FESTA PARA REI NENHUM BOTAR DEFEITO

Capital: Tunes
Língua oficial: Árabe
Governo: República
População: 10.102.00
Moeda: Dinar Tunisino

Entre os países magrebes, a Tunísia sempre foi considerada como sendo liberal por conta da forte influência francesa. Ao se chegar pela primeira vez à capital tunisiana, tudo parece girar em torno da Avenida Habib Bourguiba. Veem-se jovens garotas, muitas delas sem usar o *nigab*, andar de mãos dadas com os namorados. Senhoras com bolsas grandes e óculos de marcas italianas no rosto a andar em seu estilo parisiense. Grande quantidade dessas mulheres ainda se arrisca a fumar cigarro em plena avenida, esquecendo que estão em um país de cultura e religião muçulmana. Outras se aventuram em sentar-se no Café dos Nattes, se disponibilizando a levar um papo sério sobre política, literatura — e até atualidade —, ou mostrar orgulhosamente o seu novo *smartphone*. Todavia, aos adeptos de uma *Chicha*, o melhor mesmo é procurar um jardim e se deliciar com o forte aroma de fumos como: banana, maçã e hortelã, os quais exalam no local. Para muitos europeus, a surpresa vem mesmo quando se busca algo mais reservado. Basta sentar-se no Café de La Terrasse e, ao pedir um expresso, algo normal para um europeu do norte, ser surpreendido, à espera de ser atendido, pelo garçom que o faça alguma pergunta. Os garçons barbudos e bigodudos desse Café, com um sorriso amigável, além de perguntarem insistentemente o país de origem, como se não bastasse, pedem-lhe um cigarro como gorjeta.

Outra grande movimentação de gente fica por conta das grandes avenidas às amostras a *Champs-Elysées* da capital tunisiana, local onde os tunisianos gostam de se verem e serem vistos. Boutiques, cafés, restaurantes e hotéis enchem as largas avenidas que cortam o coração da alta emancipada e honrosa metrópole de praticamente 2 milhões de habitantes. Isso chega até a parte velha da cidade, onde se é possível encontrar a mais imponente Mesquita *Ez-Zitouna*. Ao lado do mar próximo ao porto, espaço de início da caminhada da *Belle Époque* dos franceses, encontra-se hoje, com uma grande riqueza escondida dos comerciantes árabes, os locais guardadores da beleza da época, podendo ser vistos, atualmente, desde vendas de tapetes a panelas. Há quem diga que as maravilhas da Tunísia só puderam ser vistas em cidades como: Djerba ou Hammamet, porém é na capital onde pode ser visto um dos mais atrativos museus norte-africanos: o *Bardo*. Lá, tem-se a possibilidade de ver a ruína do famoso *Karthago* e o ambiente cultural de *Sid Bou Said*.

No entanto, não foi nem em Tunis, Djerba ou Hammamet o local de todo o ocorrido. A badalação deu-se mesmo no sul da Tunísia, precisamente na cidade de Tzuer. Imagine a loucura que não é, em pleno deserto, pousarem seis aviões transportando gente de outro continente para se deleitar em uma festa árabe-europeia? Esse evento foi promovido por uma empresa de turismo alemã. Eram clientes de toda parte da Europa, os quais chegavam e iam direto para hotéis já reservados. Entre os clientes, lá estava eu. Não contando, pois, com a possibilidade de todos entrarem na Tunísia sem o menor constrangimento, exceto eu, por ter em meu passaporte um belo visto do Estado de Israel. Após horas de interrogatório do tipo: qual o objetivo da viagem à Tunísia? Sua verdadeira nacionalidade? O que o levou a viver em Israel? Deram-me, enfim, um visto com validade apenas para participar da festa, além de me custar aproximadamente 20 Euros. Feito o interrogatório, já não havia mais ninguém no aeroporto e, sinceramente, já não tinha noção de no hotel o meu nome haver sido reservado. Como não havia mais automóvel disponível no local, a única forma de chegar até o hotel foi mesmo de camelo.

Por ter aparência árabe entre os europeus e ainda estar, naquele momento, portando um lenço palestino em formato de cachecol, levantou-se a suspeita de impacto entre eles. Na hora de pegar a chave do quarto, a qual, por norma, deveria ser dividida entre três pessoas, o meu nome estava justamente entre um italiano do sul e um português-alemão. Estes já estavam na perspectiva de quem deveria ser a terceira pessoa a ocupar o quarto. Quando cheguei, para a surpresa deles, não podiam acreditar terem colocado um árabe para vigiá-los, assim pensavam eles sobre mim. Não trocamos nenhuma palavra. Fiquei simplesmente a observá-los falar entre si dizendo que algum dos dois deveria ficar com a chave do quarto e, de forma alguma, esta poderia chegar à minha mão.

Enfim, chegou a hora da festa. Era uma explosão de cores, fogos, comidas e turbantes. Era uma festa radiante! Havia mesas de doces e salgados, como também comidas típicas árabes e vegetarianas para satisfazer a vontade dos *guests* europeus. Estes se misturavam com os serviçais árabes, mesmo sem entender uma palavra. As alemãs agarravam-se com os árabes como forma de conhecer um corpo diferente e lhes dar uma pequena ilusão de um dia conhecer o velho continente. Altas horas da noite. Encontro-me com os meus companheiros de quarto os quais já estavam quase todos bêbados igualmente a mim. Começamos a falar em alemão e terminamos falando em qualquer outro idioma jamais lembrado por mim. Eu lembro apenas das nossas gargalhadas quando, repentinamente, perceberam ser eu falante de alemão, italiano e português. Aí sim, notaram que eram compreendidos os assuntos tratados dentro do quarto. A festa era realmente uma loucura total! O estilo de música completamente europeia em harmonia com os tambores árabes trouxe à festa uma ambiência especial. A beleza europeia mesclada com exotismo árabe mostrava algo inusitado.

O que poucas pessoas não pensaram foi no frio que caía a partir das 2h. Era um clima insuportável! Principalmente, se se estava parado ou sem tomar alguma bebida forte. Eu só pensava em como voltar ao hotel, visto não haver transportes e os camelos, àquela hora, seguros, já estavam descansando. Tive mesmo de voltar bêbado e andando para o hotel. Já imaginou? Bêbado e andando com frio! Eu tinha a sensação de um dia chegar à Alemanha e não chegaria nunca ao hotel. No outro dia, eu já não podia ver mais um tambor tocar ou ouvir uma música eletrônica, pois desejava mesmo fazer turismo e conhecer a pequena cidade de Tzuer encravada no deserto.

Após o café da manhã, dei-me conta de onde estávamos e o que aquela cidadela representava para a Tunísia. Era uma cidade turística a qual a empresa de turismo estava tentando mostrar aos europeus uma nova rota turística. A cidade tem uma infraestrutura ainda precária, porém localizada próxima à rota do deserto junto da fronteira do sul da Argélia, demasiado procurada por europeus desejosos em conhecer o deserto da Tunísia, Argélia e Marrocos. A falta de estrutura chegava a ponto de nenhum posto de gasolina ser visto na cidade, sendo a venda de combustível feita em qualquer esquina. Assim, o tunisiano ficava com um tubo cheio de gasolina na mão a medir aproximadamente um metro e meio e comportar cerca de 30 litros de combustível. Lembrando ser este semelhante a um tubo de ensaio. Só que gigante, é claro! Eles ofereciam a todos os motoristas em tráfego por ali. O mais interessante estava no fato de, ao cair da tarde, chegar outro vendedor substituindo o amigo, cujas oito horas de trabalho já haviam cumprido. Após os dois turnos de trabalho, o último deveria sair puxando aquele tubo de ensaio gigante pela rua como se fosse um carro de mão. Imagine só a cena e o perigo!

Tzuer, cidadela que vive de exportação de doces, materiais de construção, agora está investindo em turismo devido à rota do deserto. Com relação a esse investimento, já se nota um número crescente de lojas de artesanato árabe. Quem chega à cidade pela primeira vez, logo se espanta com a quantidade de crianças espalhadas pela cidade. Os jovens com os quais mantive contato direto, em sua maioria, falavam bem italiano. A minha pergunta era: onde eles aprendiam a falar tal idioma naquele fim de mundo, posto entre Tzuer e o sul da Itália haver uma distância considerável? Boa parte deles já tinha sido imigrante ilegal na Itália. Cinco, em cada dez jovens, possuíam familiares os quais continuavam a ganhar a vida em território italiano.

5.3 EGITO: O MEDO FOI MAIS FORTE

Capital: Cairo
Língua oficial: Árabe
Governo: República Semipresidencialista Multipartidária
População: 81.713.513
Moeda: Libra Egípcia

A civilização egípcia, em geral, sempre me chamou a atenção, independentemente de ser ela antiga, moderna ou contemporânea. Essa civilização se desenvolveu às margens do Rio Nilo entre 3.200 a. C. Com a sequidão da região, e por estar o Egito localizado no nordeste africano, região do deserto, termina esse rio ganhando um significado especial, assumindo um papel importante no desenvolvimento desse país. Era no Rio Nilo que navegavam os barcos transportadores de gente de uma margem à outra. Também foram em suas águas o local da prática da atividade da pesca e, em suas margens, a da agricultura. Segundo historiadores, havia na época duas formas de escrita, as quais permitiam a divulgação de ideias e comunicação. A primeira era a *demótica*, uma forma mais simples de escrever e, a segunda, era a *hieroglífica*, uma forma mais complexa formada por desenhos e símbolos. Para os historiadores, arqueólogos e antropólogos, a religião do Antigo Egito sempre foi fonte de pesquisas incansáveis e inesgotáveis. A religião egípcia, por exemplo, possuía mitos e crenças interessantes. Os antigos acreditavam tanto em uma vida após a morte como em vários deuses, os quais eram considerados sagrados, devido à forma assumida por eles. Eles também eram formados por corpos de animais e partes do ser humano, proporcionando a cada cidade possuir o seu próprio deus.

Por meio da crença de uma vida após a morte, os antigos egípcios detentores de bens, sendo a maioria constituída de faraós e alguns sacerdotes, procuravam mumificar os cadáveres e os colocar em pirâmides com o objetivo de preservar o corpo para uma vida seguinte. Isso de tal modo que muitos desses faraós eram enterrados com todos os seus bens. As pirâmides, por outro lado, eram construídas para guardar todo esse acervo dos saqueadores: tanto os corpos dos faraós, quanto os seus pertences. Boa parte dos faraós enterrados em pirâmides exercia na época tanto o poder político quanto o econômico e social. Daí o interesse e a preocupação em construir pirâmides para demonstrar esse poder. A grande quantidade dessas pirâmides era enorme e revestida com papiros, nos quais os faraós escreviam não só a sua história de vida como também os benefícios feitos a fim de, em caso de uma reencarnação, os deuses saberem de suas benfeitorias e poderem dar-lhes o direito de voltar em uma posição mais privilegiada. A civilização egípcia também se destacou nas áreas da ciência, matemática e medicina. Campos científicos, atualmente, considerados o carro-motor da Universidade do Cairo, com a arqueologia e a paleontologia.

O Egito sempre me despertou interesse também por conta da sua história social e política, além dos monumentos erguidos em seu território. Quando vivia em Israel, resolvi conhecer o país a acolher por muitos anos o povo judeu. A minha viagem começou no Monte Sinai, também conhecido como *Monte Horeb* ou *Jebel Musa*. Segundo a Bíblia, foi ali onde Deus entregou os Dez Mandamentos a Moisés. Ao atravessar a fronteira israelense chegando à cidade de Taba em território egípcio, encontro-me com uma garota vinda da Coreia do Sul. O interessante foi o seguinte: nunca eu havia viajado com ninguém, principalmente em países onde um conflito pode eclodir a qualquer momento. Jamais se sabe a maneira como o amigo, o filho, a namorada, ou namorado, pode reagir diante de situações inesperadas.

Eu tinha planejado a minha viagem para a cidade do Cairo e a garota para a cidade de Alexandria, no norte do Egito. Ao percebermos que estávamos sozinhos em pleno deserto, resolvemos nos juntar. Automaticamente, perguntei-lhe para onde ela iria:

— Eu gostaria de ir a Alexandria. E você?

— Eu, à cidade do Cairo. Porém, se quiseres, podemos ir juntos. Depois, seguimos a Alexandria e voltamos a Israel.

Após cinco minutos em território egípcio, fomos cercados por vários árabes que nos ofereceram vários tipos de viagens até a cidade do Cairo. Para a garota da Coreia do Sul, foi muito constrangedor, pois os árabes começaram a perguntar se ela era chinesa ou japonesa, como se o mundo asiático, para eles, se resumisse tão somente à China e ao Japão. Já para mim, as perguntas eram mais diretas: perguntavam-me se meus pais eram árabes, e eu, em um tom seco, respondia-lhes que não. Porém, não se conformavam com a minha resposta e insistiam perguntando agora se meus avós eram árabes. Bem, entre uma pergunta e outra, a garota resolveu voltar a Israel enquanto eu segui minha viagem já planejada à cidade do Cairo. Durante o período de espera pelo ônibus ou automóvel que me levaria à cidade das pirâmides, passei por inúmeros constrangimentos. Os árabes ofereciam-me Vans, as quais, segundo eles, levar-me-iam ao Cairo. A minha resposta era sempre não, devido ao medo de entrar em um carro cheio de árabes. Por fim, resolvi tomar uma na qual vinham dois casais de aparência europeia.

Ao entrar na Van, sento-me ao lado do motorista. Ele, por outro lado, perguntou-me se eu era árabe, obtendo como resposta um não. Além disso, automaticamente, pede-me para descer e ir atrás ao lado dos europeus e ainda pagar toda a passagem antes de seguir a viagem. Entre uma pergunta vinda e uma resposta ida, disse-lhe que pagaria uma parte da passagem no início e o restante quando chegássemos ao Cairo. Fizemos conforme o combinado. A viagem, a qual, normalmente, duraria entre sete e nove horas, durou 15 horas. O problema foi o casal de aparência europeia, proveniente da Romênia, haver subornado o motorista a fazer outro caminho não dentro da rota oficial. Os dois casais encontravam-se ilegais no Egito, pois há mais de mês tentavam entrar em Israel pelo Monte Sinai. Dentro da Van, conheci um garoto que se tornou por algumas horas o meu tradutor oficial. Quando parávamos no deserto para comprar água, era ele o responsável pelo intercâmbio entre a nossa língua e a dos beduínos locais. Chego ao Cairo após uma viagem de 15 horas. Às 19h, em pleno rush, e justo no final de semana, seria festejado o final do *Ramadan*. Para quem conhece essa cidade e essa festa, sabe o significado disso.

O caos era total! Uma mistura de camelos, automóveis, carroças, homens de braços dados formando um cordão humano e misturados a uma quantidade de ambulantes advindos de toda a parte que corriam quase na mesma direção: o metrô. E eu, ali, parado à espera do garoto, o qual também deveria seguir em direção ao mesmo. Ainda dentro da Van, explicou-me que era a nossa direção uma grande avenida chamada Cairo Street, local este que possuía vários hotéis e pousadas para estrangeiros, principalmente por ficarem próximos às Pirâmides. Ao descermos da Van, o garoto não me trocou mais uma palavra, sendo eu guiado pelos olhos dele sem entender o significado daquilo. Ao chegarmos à plataforma do metrô, eu encontrava-me com uma mochila nas costas, sandália de couro nos pés, uma calça jeans rasgada e em forma de bermuda, e camiseta Hering. Tudo isso fazia parte de minha vestimenta. Para completar os adereços, coloco um cigarro na boca, fato a representar a gota d'água para a revolta de alguns passageiros ali concentrados.

Pela plataforma do metrô, passou um senhor de estatura mediana e me gritou, como forma de repúdio ao meu ato, estando o garoto parado em minha frente como se nada tivesse visto ou ouvido. Por fim, entramos no metrô e eu consegui, após muito empurra-empurra, um lugar para me sentar. Mais uma vez me dei mal: sentei-me no lado feminino! Porém só me dei conta ao passar duas paradas e, ao meu lado, não haver sentado nenhum homem. Ao perceber a gafe cometida, levantei-me e passei para o lado masculino, sendo que a única forma de mostrar que não pertencia àquela cultura, nem àquele país, foi tirar de dentro de minha mochila um livro de turismo em alemão e tentar ler algumas palavras naquele empurra-empurra. Ao chegar à Estação Cairo Street, o garoto fez-me um gesto com a cabeça como forma de dizer: "descemos aqui". Bom, sigo-o escada abaixo, vindo a acompanhá-lo somente quando já estávamos fora do metrô. Ele olha muito rápido para frente, aponta para um hotel e diz:

— Bom, era aquele o hotel falado por mim para o senhor.

E segue como se nunca tivesse me visto. Chegando ao hotel, fui recebido por dois árabes, os quais pareciam já estar à espera de algum estrangeiro. O hotel era velho e feio, porém bem localizado e barato. O velho árabe a me receber na portaria do hotel não esperou trocar nenhuma palavra após o pagamento de algumas diárias, vindo logo a me perguntar se seria possível comprar um litro de Wisk para a sua esposa, visto a mesma estar aniversariando justo naquele dia. Para quem já viajou em países árabes e conhece a cultura e, principalmente em época de *Ramadan*, sabe muito bem o quanto é proibido tomar qualquer tipo de bebida alcoólica nesse dia festivo. Assim, a resposta foi não.

— Não se preocupe. Não vai acontecer nada. Eu lhe darei o dinheiro e lhe indicarei onde o senhor vai comprar. O senhor é estrangeiro, portanto, pode comprar. Nós é que não podemos.

De qualquer forma, a minha resposta foi não. No dia seguinte, sigo para o endereço marcado: as pirâmides do Egito. A beleza das pirâmides — sendo a motivação da viagem ao Cairo — transformaram-se em pura ilusão e desespero. O sol chegava aproximadamente a 45 graus e não me deixava tranquilo, além de um trânsito caótico de doer a alma. Pobreza jamais vista em minha vida! Os egípcios, querendo me vender desde litros de perfumes a camelos, olhavam-me como um filho de árabe pecador do Ocidente, isso por eu andar com uma calça e uma camisa de mangas curtas. Após uma semana de controle emocional, não suportei e tentei sair daquela cidade aparentando haver me engolido. Perdi o controle por não conseguir me comunicar, pois era muito difícil encontrar alguém naquela cidade falante de uma língua estrangeira fora o francês. Buscava em qualquer lugar informações de como sair dali sem precisar declarar ser o meu destino voltar a Israel, até o momento, o único país da região onde eu me sentia ocidental. Já há semana girando em busca de maiores informações, encontro a Universidade do Cairo, entro e, de imediato, encontro um estudante alemão de arqueologia. Enfim, ele escreve-me no papel como eu deveria fazer para chegar até o ponto de ônibus de onde seguiria viagem até a fronteira com Israel.

— Você só tem de mostrar este papel, mas não precisa afirmar estar voltando a Israel. Caso haja alguma pergunta nesse sentido, declare simplesmente ir ao Sinai. De lá, você pode seguir para a fronteira, entretanto, não esqueça: nada de dizer ir a Israel!

Parecia-me estar chegando ao fim o pesadelo daquela viagem. Saio da universidade para o hotel, faço as malas e sigo para a rodoviária de onde partiria o ônibus em direção à Taba. Após sete horas de viagem, semanas de constrangimento e medo, eis Israel mais uma vez à vista.

REFERÊNCIAS

AUSWANDERN INFO. *Auswandern nach Spanien in Aktuell*. Infos zur Einwanderung. [online]. Disponível em: https://auswandern-info.com/spanien. Acesso em: 12 ago. 2008.

BAUMAN, Zygmunt. *Modernidade Líquida*. Tradução de Plínio Dentzien. Rio de Janeiro: Jorge Zahar Ed., 2001.

BRACHMANN, Jan. Der Ort, an dem Erinnerungen vertraut sind. Frankfurter Allgemeine Zeitung. *Feuilleton*, Frankfurt am Main, ano 69, n. 24.788, 13 out. 2018. [online]. Disponível em: https://www.faz.net/aktuell/feuilleton/. Acesso em: 13 out. 2018.

CHIAVENATTO, Julio José. *Genocídio Americano*: a guerra do Paraguai. São Paulo: Brasilense, 1984.

CORTINA, Adela. Aporofobia, el rechazo al pobre. Un desafio para la democracia. *Quaderns de Filosofia*, Barcelona: Paidós, v. 4, n. 2, p. 103-108, 2017.

GOMES, Luiz Souza. América Latina: seus aspectos, sua história, seus problemas. 2. ed. Rio de Janeiro: Fundação Getulio Vargas, 1966.

HEBENBROCK, Mariano. Conservadorismo político: migração venezuelana e senegalesa como vítimas de aporofobia no Brasil. *Revista Comunicação, Cultura e Sociedade*, Dossiê Mídia e Sociedade: Diálogos Intermitentes, Mato Grosso, 12. ed., v. 7, p. 163-162, 2021.

INTERNATIONAL MONETARY FUND (IMF). Lattest World Economic Outlook Growth Projections. [*S. l.: s. n.*], 2022. Disponível em: https://www.imf.org/en/Publications/WEO/Issues/2022/01/25/world-economic-outlook-update-january-2022. Acesso em: 23 jul. 2022.

GOVERNO DO ESTADO DO CEARÁ; SECRETARIA DE PLANEJAMENTO E GESTÃO (SEPLAG); INSTITUTO DE PESQUISA E ESTRATÉGIA ECONÔMICA DO CEARÁ (IPECE). Ceará: Resultados do Produto Interno Bruto (PIB) 2008, Ceará, 2009. [online]. Disponível em: https://www.ipece.ce.gov.br/wp-content/uploads/sites/45/2016/07/PIB_CEARA_2008.pdf. Acesso em: 8 ago. 2009.

KNOPP, Guido; SPORN Mario. *Majestät! Die Letzten grossen Monachien*. Müchen: C Bertelmann, 2006.

MAHÍA, Ramón. Población Extranjera Residente en España. Anuário CIDOB da la Inmigración 2018. DOI: doi.org/10.24241/AnuarioCIDOBInmi.2018.80. Madrid, 2018.

LEVERETT, Flynt. *The Road Ahead*. Middle Est Policy in the Bush Administrations Second Term. New York City: Brookings Institution Press, 2005.

LEWIS, Bernard. *O Oriente Médio*. Rio de Janeiro: Jorge Zahar, 1996.

LICHT, Jacob. *La narrazione nelle Bibbia*. Brescia: Paideia, 1992.

MINISTRY OF JUSTICE-UK. Offence of Squatting in a Residential Building: Criminal Law and Legal Policy. Circular No. 2012/04, Implementation date 1. sep.2012. United Kingdom, 2012. [online], Disponível em: https://www.gov. uk/squatting-law/squatters-rights-to-property. Acesso em: 8 out. 2012.

ORGANISATION FOR ECONOMIC CO-OPERATION AND DEVELOP-MENT- OECD. Better Life Index Dänemark. [*S. l.: s. n.*], [2022], [online]. Disponível em: https://www.oecdbetterlifeindex.org/de/countries/denmark-de/. Acesso em: 9 abr. 2022.

RICE, Condolezza. Condolezza Rice was the first black female to be appointed as US secretary of state. *New – One-minute World News*, United Kingdom, 30 mar. 2006. Disponível em: http://news.bbc.co.uk/2/hi/americas/3609327.stm. Acesso em: 23 set. 2008.

SKA, Jean Luis. *Introduzione alla lettura del Pentateuco*. Bologna: Dehoniane, 2001.

VERTOVEC, Steven. Deutschland zweite Wende? In: Max-Planck-Gesellschaft 3/5. [*S.l.*], [2018 ou 2019], [online]. Disponível em: https://www.mpg. de/9842787/fluechtlingskrise. Acesso em 5 out. 2019.

WIKIPÉDIA. *Juazeiro do Norte*. [*S.l.*], 2008, [online]. Disponível em: https:// pt.wikipedia.org/wiki/Juazeiro_do_Norte, 2008. Acesso em: 9 ago. 2008.

GLOSSÁRIO

Abitur: vestibular alemão

Aiatolás: líderes religiosos iranianos

Akademischauslandsamt: Ministério Acadêmico do Exterior

Alcorão: livro sagrado do Islã

Asado: churrasco

Ausländerbehörde: repartição dos estrangeiros

Bailiffs: Polícia Especializada em Desapropriação

Boarding Control: Controle de Fronteira

Brandemburgotor: o portão de Brandemburgo

Brück: ponte

Bundestag: parlamento

Coffee Shop: cafeteria

Caução: dinheiro dado como garantia

Chador: longa túnica e véu negro usados no Irã e em vários países árabes para cobrir todo o corpo feminino

Chicha: narguilé

Connection: conexão

Das Land der Dichter und Denker: o país dos poetas e pensadores

Djelaba: clássica túnica árabe masculina

Dreadlocks: cabelos enrolados

EU: União Europeia

Everywhere: em todo o lugar

Face to face: cara a cara

Fatah: conquista islâmica triunfal. Seus componentes são de maioria sunitas e têm uma visão islâmica radical e antiamericana

Feeling: sentido

Finger: dedo ou tubo que leva o passageiro de um terminal ao avião

Frau Star: senhora Estrela

Garden: jardim

Gate: portão

Girl-boy: garotas-rapazes

Guests: convidados

Halt, so, also e *mal*: expressões idiomáticas utilizadas na língua alemã

Hamas: movimento islâmico conhecido como Organização Social e iniciado como Al Mudschama na Faixa de Gaza

Haxixe: tipo de droga muito consumida no Médio Oriente

Hezbollah: Partido de Deus

Holocausto: genocídio de judeus

Hostel: albergue

Imam: pregador da Mesquita

Intifada: estado de Guerra Civil

Join: cigarro de maconha

Jotas: sandália de dedo, tipo Havaianas

Jüdisches Museum: museu judeu

Kilt: estilo de saia escocesa (masculina)

Kipa: toca judia

Koffer volle Hoffnung: mala cheia de esperança

Kosher: estilo de comida árabe-judaica

Lauca: área indígena protegida pelo governo peruano

Little Istambul: a pequena Istambul

Living: sala de jantar

Maghreb: refere-se aos povos dos três países norte-africanos: Tunísia, Argélia, Marrocos e, ainda, parte da Líbia e Mauritânia, por meio de sua história em comum

Mateira: bolsa na qual os argentinos portam o mate (o conhecido chimarrão para os gaúchos do Sul do Brasil) e uma garrafa térmica cheia de água quente

Merhaba: olá!

Mobil Phone: telefone móvel

New Rich: novo rico

New Town: cidade nova

Nigab: véu árabe

Old Town: cidade velha

Pub: bar inglês

Papiro: espécie de papel produzido a partir de uma planta que possui o mesmo nome

Pen: cerveja retirada de barril

Pigua: bomba

Potsdamerplatz: Praça de Potsdam

Quechua: língua indígena falada na Bolívia, Peru e Equador

Ramadan: festa com duração de três dias, marcando, pois, o fim do mês sagrado

Regalo: presente

Reichstag: Congresso Nacional

Rickshaw: bicicleta que transporta gente. Estilo de transporte indiano

Rosenkranz: coroa de rosas

Sağol: Obrigado!

Second hand: segunda mão

Siesta: dormir à tarde

Shalon for all: paz para todos (mistura de inglês e hebreu)

Sozialamt: Ministério Social

Soziale Beratung für italienische und deutsche Spracheger: Conselho Social para Falantes das Línguas Italiana e Alemã

Step by step: passo a passo

Squat: invasão

Squatter: invasor

Tchai: chá preto

Tenant: locador do imóvel

Tereré: tipo de chimarrão, porém gelado

The Caledonia Family: Família Caledônia

UK: Reino Unido

United Nations High Commissioner of Refugees: Alta Comissão de Refugiados das Nações Unidas

Volkshochschule: Escola Superior Popular